EL SECRETO DE LA VITALIDAD
DE SCHOENSTATT

Primera parte

ESPÍRITU Y FORMA

EL SECRETO DE LA VITALIDAD
DE SCHOENSTATT
Primera Parte
ESPÍRITU Y FORMA

P. JOSÉ KENTENICH

Título Original:
Das Lebensgeheimnis Schönstatts
Geist und Form

Traducción: Roberto Bernet

ISBN: 978-956-246-426-0

© **EDITORIAL NUEVA PATRIS S.A.**

José Manuel Infante 132, Providencia,
Santiago, Chile
Tels/Fax: 235 1343 - 235 8674
e-mail: gerencia@patris.cl
www.patris.cl

En Coedición:
EDITORIAL PATRIS ARGENTINA
M. Larra 3633
X5009APY - Córdoba - Argentina
Tel/Fax: 0351 - 4817414
patrisargentina@gmail.com
editorialpatris@arnet.com.ar

Primera edición: Octubre 2010
Segunda edición: Marzo 2011
Tercera edición: Marzo 2012
Cuarta edición: Octubre 2015

P. JOSÉ KENTENICH

El secreto
de la vitalidad
de Schoenstatt

1ª PARTE
Espíritu y Forma

TRADUCCIÓN DE
**DAS LEBENSGEHEIMNIS SCHÖNSTATTS
GEIST UND FORM**

NICHTS OHNE DICH
NICHTS OHNE UNS

Introducción

El P. José Kentenich (1885-1968), fundador de la Obra de Schoenstatt, parece haber sido preparado por Dios de manera especial con miras a su fundación, ya que, como joven estudiante de teología, debió aprender a enfrentar los peligros de una mentalidad naturalista y escéptica. Algunas declaraciones aisladas, que él hiciera posteriormente, permiten suponer que en sus tiempos de estudiante atravesó por una profunda crisis que lo llevó hasta el límite de su existencia espiritual. La solución a su crisis la encontró en un "pensar orgánico", que le ayudó a responder todas las preguntas relacionadas con la realidad total de la naturaleza y la gracia. Así llegó también a conocer y apreciar el lugar especial que ocupa María en ese "cosmos" de distintos órdenes. A lo largo de los años valoró cada vez más el significado de este modo orgánico de analizar la realidad; también constató el hecho de que, en amplios círculos de la Iglesia, se ha introducido una mentalidad mecanicista que amenaza la vida de fe en su conjunto.

Como director espiritual de un seminario para misioneros, el P. Kentenich puso la piedra fundamental de la Obra Internacional de Schoenstatt, el 18 de octubre de 1914, en la antigua capillita de san Miguel, en Schoenstatt. En el cenit de su trabajo fue tomado preso por la Gestapo y confinado por tres años en el campo de concentración de Dachau. En 1949, pocos años después de su liberación, advirtió a la jerarquía acerca del pensar mecanicista y de su peligro para la Iglesia. En esa oportunidad, señaló cómo, desde el comienzo, la Familia de Schoenstatt había reconocido ese peligro en su pedagogía y se había esforzado por superarlo. En la situación preconciliar, hacer esta denuncia significaba un gran riesgo, como lo demostraría el desarrollo posterior en la historia de la Iglesia y de Schoenstatt. Como consecuencia, se ordenó una visitación apostólica a la Obra de Schoenstatt y el fundador fue desterrado a los Estados Unidos de América.

Camino hacia el exilio, en 1952, el P. Kentenich permaneció largo tiempo en Sudamérica. En ese tiempo, el Visitador Apostólico en Schoenstatt intentaba establecer la futura estructura de la Obra. Como solución a este problema, en la Semana Santa de 1952, el Visitador presentó el borrador de un "estatuto general". Este, sin embargo, no tenía relación alguna con las características que la Obra de Schoenstatt había ido adquiriendo en su desarrollo. Este proyecto significaba despojar a la Obra de su misión y fuerzas propias. La única Rama de la Obra de Schoenstatt que había sido convocada a participar en las deliberaciones, además de varios representantes de la Sociedad de los Palotinos, fue la comunidad de los Sacerdotes Diocesanos de Schoenstatt. Su representante único, el Pbro. Rudolf Klein-Arkenau, quien, en ese entonces, era miembro de la dirección de la comunidad, reconoció de inmediato la amenaza que significaba este proyecto y se opuso tenazmente a él. Después de la segunda reunión, el Sábado Santo, a la que yo también había sido invitado en calidad de superior de la Comunidad de Sacerdotes Diocesanos, y en la cual, una vez más, se expresaron, tanto en forma oral como escrita, las reservas frente al estatuto general, el Pbro. Klein-Arkenau envió un informe al P. Kentenich acerca de la situación. Este le respondió en una carta fechada el 8 de mayo.

Esta primera reacción del P. Kentenich es muy significativa en dos sentidos. En primer lugar, en su incisivo texto, se refleja el inminente peligro en que se encontraba la Obra de Schoenstatt debido al proceder del Visitador. Por otra parte, esta respuesta señala lo que, en primer lugar, importaba al P. Kentenich en esa hora decisiva. Mientras en Schoenstatt se discutía por cuestiones organizativas, él dirige su mirada al espíritu y a la vida. Por este motivo citamos algunos párrafos de esa carta.

> Las cuestiones vitales del Movimiento en su conjunto han sido puestas tan fuertemente en tela de juicio por la visitación, que ciertamente se puede hablar de cuestionamientos acerca de la existencia y el destino de éste. Si, a través de estos cuestionamientos, los fundamentos de nuestro ser y nuestra vida han sido sacudidos, y en qué medida lo han sido, dependerá del espíritu de fe y de la entrega de las distintas Ramas. Cada vez se revela más nítidamente la intención del Visitador: Pallotti es reconocido; su idea y su obra deben permanecer. (...) Sin embargo, todo lo que lleva el nombre de Schoenstatt, debe ser echado a un lado y, en lo posible, debe ser reprimido y sepultado. Por esa razón reina un profundo silencio acerca de las leyes y los valores propios de Schoenstatt; por ello se intenta, por todos los medios, ignorar las fuerzas divinas que emergen en nuestro misterio mariano, procurando, a través de maniobras tácticas, hacerlas caer en el olvido.

Aquí ha sido tocado, pues, el nervio vital del P. Kentenich. Desde 1916, es su convicción que la idea de Pallotti sobre una confederación apostólica universal sólo puede ser realizada en relación con el misterio mariano de Schoenstatt o la Alianza de Amor. Ese es el motivo de sus admonitorias palabras:

Nuestro misterio mariano en verdad es, lisa y llanamente, la fuente de vida de la cual nos alimentamos y sin la cual no podemos existir. Si se separan la idea y la obra de Pallotti de esa fuente y de todo lo que está unido a ella, tal como se ha desarrollado históricamente, no nos queda nada más que una forma de acción católica que, a la larga, no puede vivir ni puede morir. (…) Por eso nos hallamos realmente en una hora decisiva de nuestra Familia.

¿Qué se sigue de todo esto? En primer lugar, todas las Ramas y todos los miembros de la Familia en su conjunto son exhortados a decidirse nuevamente con respecto a nuestro misterio mariano. (…) Todos, sin excepción, deben decidirse nuevamente, deben revisar su fe en el carácter sobrenatural de la Obra de Schoenstatt, profundizarla, y hacer que esa fe se proyecte más vigorosamente en la vida cotidiana. Aquí se dividen los espíritus. (…) Por cierto, la Santísima Virgen ha elegido a la Familia de Schoenstatt para erigirse en ella y a través de ella un monumento en el mundo y en la Iglesia de hoy. Si usted siente ahora que toda la columna sacerdotal de Schoenstatt se encuentra amenazada, debería recurrir, en primer lugar, a esta respuesta de validez general, haciéndola propia. Ella debería obrar como lo hace una piedra que es arrojada al agua y que describe círculos hasta alcanzar la "otra playa"; es decir, que debería captar interiormente a todos los miembros de la columna sacerdotal, despertar, del mismo modo, la conciencia de responsabilidad en todos quienes están llamados por Dios a conducir la Obra total, superando todos los escollos y abismos, para llevarla a la Iglesia en las "nuevas playas". Esta es la palabra divina claramente perceptible, la inequívoca invitación de Dios.

Por lo tanto, su tarea inmediata consistiría (…) en llamar a esta nueva decisión; pero también en profundizar, por medio de una cuidadosa reflexión de los fundamentos y contextos, la convicción creyente acerca del carácter sobrenatural de la Obra (…). Me parece también muy recomendable no irritar la sensibilidad con cuestiones de organización; sobre todo, no despertar ninguna actitud adversa ni enemistad hacia los Pallotinos, sino acentuar principalmente la reorientación en común, según las fuerzas originarias de la Obra.

Por lo demás, usted puede estar seguro que lo que no se alcance hoy, se dará fácilmente el día de mañana, si toma en serio el precio del rescate. (…) Puede estar seguro de que, al fin, alcanzaremos nuestra meta. La magnitud de los sacrificios y las luchas puede usted considerarlas como medida de la magnitud y fecundidad de la Obra. Quien una vez se ha arrojado en los brazos de Dios y de la Santísima Virgen debe prepararse para toda clase de contingencias.

En las semanas subsiguientes, el P. Kentenich continuó estas reflexiones en una larga carta que me envió a mí, razón por la cual ésta recibió también el nombre de *"Carta a José"*. Se trata de un estudio dirigido expresamente a un círculo más amplio de lectores, a saber, la dirección de las Ramas de la Familia de Schoenstatt, en Alemania. La forma epistolar posibilitó dar respuestas fundamentales, a partir de preguntas concretas que iban surgiendo.

Estas exposiciones fundamentales trascienden, en su significado, el marco de la situación de la Obra de Schoenstatt en aquel momento determinado. Hoy adquieren una particular actualidad, ya que muchos, en medio de un proceso generalizado de transformación, esperan la renovación de la Iglesia a partir de nuevas estructuras y formas de organización. El P. Kentenich muestra, en su fundación, caminos para resolver el problema respecto a forma y espíritu, organización y vida.

El P. Kentenich no escribió este estudio de una sola vez, sino en las horas libres que le quedaban en medio de su actividad de conferencista. El 13 de mayo de 1952, envió las primeras 23 páginas a Alemania. Para el 31 de mayo de ese mismo año, había terminado la primera parte del trabajo, que abarcaba 94 páginas, y que es publicado en el presente volumen. La segunda parte es un trabajo completo sobre la Alianza de Amor de Schoenstatt en el marco de la Alianza de Dios en la historia de salvación, el cual es publicado bajo el título de "Espiritualidad de Alianza".

El estudio está acentuado por dos perspectivas que permanecen en tensión, complementándose mutuamente. Por un lado, el P. Kentenich ve amenazada su obra de vida y se defiende como un león de la "nivelación" de Schoenstatt. Por ello, en la reflexión del estudio aparece, una y otra vez, la referencia a temas de actualidad. Por otro lado, el P. Kentenich se ve motivado, justamente por esta situación, a introducir a sus colaboradores más profundamente en los principios de su fundación. A ello se deben las extensas reflexiones acerca del "fundamento metafísico de toda la Obra de Schoenstatt". A través de la visitación se había planteado, en forma aguda, la cuestión de las jurisdicciones de potestad de la jerarquía y el Movimiento de Schoenstatt. Por esa razón, el P. Kentenich se refiere a la limitación de poder en la organización y a la plenitud de poder en la vida. A él le importaba particularmente la vida, alimentada por el "torrente de vida y de gracia extraordinariamente impetuoso", que tiene su fuente en la Alianza de Amor con la Santísima Virgen. Porque esa fuente se encuentra en peligro y, según el convencimiento del P. Kentenich, sin ella todo amenaza derrumbarse, sus reflexiones se concentran en cavar más hondo, a fin de que la fuente sea más abundante y pueda regalar muchas bendiciones a la Iglesia y al orden social del futuro. Para llevar ese nuevo torrente de vida, que nace y se alimenta de la Alianza de Amor, hacia los más vastos círculos posibles, el P. Kentenich creó, mediante un arduo y paciente trabajo durante décadas, una organización de novedosas características.

A estas consideraciones de índole más fundamental se agregan reflexiones de carácter histórico-filosófico. Dos frases claves, que se refieren a la relación entre forma y espíritu y a la Alianza de Amor como fuente de la "plenitud de espíritu y de vida" schoenstattiana, son las primeras reflexiones que siguen a las consideraciones anteriores. El P. Kentenich demuestra más adelante cómo por esta Alianza de amor, María condujo a la Familia de Schoenstatt hacia Cristo y hacia Dios Padre.

El P. Kentenich explica, a continuación, cómo la Alianza con la Santísima Virgen ha sido el medio para superar la amenaza que se cernía sobre el cristianismo y Schoenstatt. La amenaza sobre el cristianismo provenía de lo incomprensible del acontecer del mundo actual. Frente a esta incomprensión, la fe práctica en la Providencia divina –como una forma concreta de la virtud teologal de la fe– descubre detrás de todo sinsentido un plan divino de amor. Por esa razón el P. Kentenich, considera la educación de una fe providencialista como "una tarea central de la pastoral actual". El ha experimentado en la Alianza de Amor con María un excelente camino para llevar a los hombres hacia una fe viva en la Providencia.

En esta primera parte del estudio, el P. Kentenich no vuelve a referirse a la pregunta en qué medida la Alianza de Amor soluciona la amenaza de la existencia schoenstattiana; ténganse en cuenta los problemas durante el año 1952. Menciona, sin embargo, dos ejemplos históricos de la interacción entre Alianza de Amor y fe práctica en la Providencia de Dios: los acontecimientos del 20 de enero de 1942 y del 31 de mayo de 1949.

En la primera de las citadas fechas, el P. Kentenich, estando en la prisión de la Gestapo en Coblenza, renunció a seguir un procedimiento [certificado médico] que lo habría liberado, por un resquicio, de ser enviado al campo de concentración. La segunda es la fecha en que él envía, desde Chile, un estudio a los obispos alemanes, cuyo efecto sería el enfrentamiento con las autoridades en Roma. Si bien él previó esta consecuencia, no obstante consideró que era su deber dar ese paso para bien de la Iglesia. En este estudio el P. Kentenich describe extensamente cuáles fueron las reflexiones que lo llevaron a dar ese paso, para el cual se había preparado durante decenios.

Las reflexiones del presente trabajo fueron escritas por el P. Kentenich sólo tres años después de aquel acontecimiento del 31 de mayo de 1949. No era poca la desorientación que reinaba a causa del paso que había dado. Incluso algunos de sus amigos no habían comprendido su actuar. Después de más de 20 años, es posible constatar que su pronóstico se ha confirmado. Sin embargo, debió esperar catorce años en Milwaukee hasta que, gracias al cambio del clima espiritual producido por el Concilio, sus inquietudes fuesen comprendidas. En 1965, con el Papa Pablo VI, el P. Kentenich fue rehabilitado plenamente, de manera que Schoenstatt, desde entonces, ha podido dedicarse, sin impedimentos, a realizar la "misión del 31 de mayo", o "la cruzada por un pensar, amar y vivir orgánicos".

La edición de este estudio fue preparada según los siguientes criterios: la Carta es publicada en su totalidad, tal como el manuscrito original, con excepción de algunos fragmentos en los cuales se hace referencia a personas que aún viven, y cuya omisión no perjudica en modo alguno la ilación de las ideas. Pequeñas omisiones están señalizadas con (…), mientras omisiones mayores lo están con (……). Para facilitar la visión de conjunto, la obra fue dividida en párrafos, fundamentados en el texto mismo. Como en esta primera parte del estudio, el orden de las ideas es más bien suelto, se ha recurrido a títulos de párrafo, formulados por el responsable de la elaboración del texto, a fin de brindar al lector una visión de conjunto del discurso. Las palabras impresas en letra cursiva han sido resaltadas por el mismo P. Kentenich. Los textos citados por él están impresos en letra más pequeña. Todos estos textos han sido verificados y corregidos de acuerdo al original. Debido a que el P. Kentenich no revisó personalmente la puntuación del manuscrito original, ha sido corregida en algún caso, para expresar más exactamente la intención del autor. Los números al margen del texto impreso indican el número de página en el manuscrito original.

La elaboración de la redacción de este texto requirió de algunas reflexiones en el círculo de los sacerdotes responsables de las tareas editoriales de Editorial Patris. Vaya aquí un cordial agradecimiento a ellos, como también especialmente a Franz Lüttgen, quien se abocó con gran cuidado al trabajo de la elaboración detallada del texto, como también a todos los que, desde un segundo plano, hicieron posible el logro de esta edición.

Si se contempla la Obra de vida del P. Kentenich, se confirma lo que Henri de Lubac describiera del siguiente modo: hoy en día hay "verdaderos profetas —ya sea que sacuden de su sueño nuestra conciencia indicándonos las grandes tareas sociales de la hora; sea que nos llaman a aquella más íntima conversión sin la cual nuestros esfuerzos iniciales quedan sin continuidad; ya sea, por fin, que asumen, sin hacer ruido, las iniciativas que un día se imponen necesariamente como ejemplo para ser imitado. Como siempre, ellos son reconocidos como profetas recién mucho más tarde; como siempre, al comienzo se los trata con menosprecio o se silencia su voz. Es que ellos no halagan lo que piensa la mayoría, y su mensaje parece duro. Sin embargo, bajo el influjo del Espíritu, hacen su aporte para sostener a la Iglesia en el rumbo correcto, por cuanto le abren nuevos derroteros que le permiten seguir avanzando."

Joseph Schmitz
Schoenstatt, 15 de septiembre de 1971

Inicio de la carta

Santiago, 13 de mayo de 1952

Querido José:

En mi respuesta al informe de Rodolfo,[1] del 28 de abril de 1952, sobre la historia del estatuto general prometí una toma de posición más extensa de mi parte, tan pronto como el proyecto del estatuto llegara a mis manos. Entre tanto, felizmente el documento me llegó, después de haber hecho un periplo por Buenos Aires; el Padre General[2] me lo envió. Rodolfo me escribió en su nombre, así es que le parecerá bien que yo envíe mis consideraciones directamente a usted.

Encabezando el estatuto se encuentra la palabra "proyecto". Consecuentemente, la versión definitiva no está aún terminada, por lo que será posible e incluso deseable hacer comprobaciones y propuestas a derecha e izquierda, hacia arriba y abajo. No sólo el episcopado, sino también los círculos a quienes el asunto interesa e incumbe, pueden sentirse llamados a tomar una posición al respecto.

Nuestros sacerdotes del Instituto tomaron este significativo acontecimiento como un tiro al aire. Tanto el Consejo general como los miembros se han ocupado ahora cuidadosamente de la futura organización y vida del Instituto, de la columna sacerdotal y de toda la Obra de Schoenstatt. Rodolfo advierte ya,

---

1 Rudolf Klein-Arkenau (1891-1963), a la sazón rector de la casa Marienau y miembro de la dirección de la Comunidad de sacerdotes diocesanos de Schoenstatt.

2 P. Turowski (1894-1959), superior general de los Palotinos de 1947 a 1953.

sobre la base del proyecto elaborado y de acontecimientos y recuerdos de la historia, acerca del peligro de un fuerte malestar, de un descontento y de acusaciones recíprocas. También yo temo todo esto –aparentemente no sin razón (…)

Así es que será bueno, según el método de elección de San Ignacio, en primer lugar, en el sentido de la santa indiferencia, si acallamos todo afecto[3] para así capacitarnos para captar más claramente el plan de Dios, para separarlo de la arbitrariedad y del individualismo humano, y para empeñarnos sin reservas en su realización.

Tema del estudio

Con ese objeto permítame exponer brevemente *el fundamento metafísico de toda la obra de Schoenstatt*. Después podrá verificar si está usted de acuerdo, y si puede considerarlo como una clave para el desvelamiento de un plan divino, tanto respecto de la estructura global de la Familia, cuanto de sus rasgos particulares. Si tomamos todos un punto de partida reconocido en común como tal, debería sernos fácil llevar claridad a la maraña de opiniones y estados de ánimo, y ponernos, de ese modo, en la situación propicia para invertir nuevamente toda nuestra energía en la construcción y el perfeccionamiento positivos de la Obra en su totalidad. Después de haber escrito estas frases llega a mi mesa, a través de rodeos, una breve anotación:

> Lo más importante: el estatuto tropieza con grandes dificultades entre los obispos. Ellos no logran ver claramente a través de toda la maraña; temen ante tantos párrafos, y son reticentes a dar su aprobación a un ente tan vastamente ramificado (…) (2 de mayo).

---

3   Cfr. Ignacio de Loyola, *Ejercicios Espirituales,* n. 23.

16

Como a los obispos, así les debe suceder también a muchos miembros y participantes de nuestro Movimiento. Sólo quien tiene en sus manos la llave de las muchas puertas cerradas de nuestra organización, aparentemente enigmática; sólo quien tiene en sus manos el hilo de Ariadna, que conduce en forma segura hacia la meta a través del laberinto de disposiciones particulares; sólo quien conoce el último principio del cual derivan todos los distintos párrafos; sólo quien conoce la raíz de la cual brota este árbol poderoso y de frondoso ramaje, en el cual deben anidar las aves del cielo;[4] sólo él puede orientarse en la muy enredada maraña del proyecto de estatuto, y tomar posición ante él en forma autónoma. Este es un nuevo motivo que puede instarnos a penetrar desde la periferia al centro, de la cáscara al núcleo, del edificio al fundamento, del árbol a la raíz, del conjunto de la apariencia exterior al último principio metafísico de organización y de vida.

Su fundamentación

En realidad, yo podría esperar con esta tarea hasta tener el nuevo proyecto en mis manos; o, mejor aún, hasta que esté lista la codificación definitiva. Sin embargo, por muchos motivos me parece mejor realizar ya ahora mi propósito. Cuando, con fecha 8 de mayo de 1952, escribí a Rodolfo, ya estaba pensando en este plan. En la página 6 puede usted leer:

> En sí correspondería ahora exponerle las grandes conexiones interiores de la imagen rectora que me inspira. Esto sería significativo en cuanto a la formación en el campo de los principios.

Ahí tiene usted el *primer motivo:* una tal *formación* es siempre significativa y recomendable. Esto tiene particular validez

---

4   Cfr. Mt 13, 32 ss.

en una época de irracionalismo; sin embargo, mucho más aún cuando se trata de un enredo de hilos tan inusualmente grande, y cuando se tiene la seria responsabilidad de ayudar a desenredarlos.

Con esto menciono ya un *segundo motivo:* si hemos de ser aprobados por Dios y la historia, si la Obra íntegra ha de llevar nuestro rostro, estar sellada por nuestra carne y sangre, nosotros debemos hacer nuestro aporte para que se logre. Esto, sin embargo, sólo es posible si vemos y formulamos nuestras propuestas a partir de una última visión de conjunto.

Solamente de ese modo podemos esperar una unidad interior de espíritu, dar un común y convencido sí a la organización y a la vida. Este es el *tercer motivo.*

Un *cuarto motivo* reside en el hecho de que Rodolfo, en su resumen histórico sobre el proceso del proyecto de estatuto, presuponía una información más exacta de mi parte. Pero, en el momento de redactar mi respuesta, yo no tenía en mis manos el proyecto de estatuto, de modo que dependía para ella de una reconstrucción a partir de poquísimas indicaciones. Sin embargo, el proyecto terminado muestra un rostro totalmente distinto al que yo suponía sobre la base de la carta. Si bien mi respuesta fue aceptada en general, y por lo tanto debe ser considerada como supratemporal, no obstante, no es asunto de cualquiera aplicarla por su cuenta al proyecto, tal como se presenta ahora en sus determinaciones particulares. Lo que esto significa quedará claramente de manifiesto en lo siguiente.

Un último motivo reside en la amenaza a la existencia del Instituto [de los sacerdotes diocesanos].. Entretanto, usted podrá haber constatado en qué medida son ciertos mis temores en ese sentido. Si no lo hubiese hecho ya, me permito rogarle que lo haga pronto y exhaustivamente. (...) Por cierto, para ustedes todo depende de que el episcopado quiera o no denegar la aprobación al Instituto. Es verdad que el estatuto asume una posición positiva frente a ello. Pero con ello, nada seguro se ha dicho acerca de la comprensión que el episcopado tenga del asunto. Las dificultades aducidas sólo pueden ser resueltas en forma convincente si el Instituto en sí mismo y en sus relaciones con la Federación, la Liga y el episcopado, se define, en su meta y en su estructura, a partir de estos últimos principios. Si alcanza el tiempo, quiero abordar este tema más tarde en forma extensa.

Si bien cumplo mi propósito, de ninguna manera tomaré una posición respecto a la pregunta acerca de si el estatuto general no debiese redactarse mejor en forma más breve y transparente. Esto lo escribo teniendo en cuenta la preocupación de los obispos, mencionada anteriormente, respecto a tantos párrafos y su recelo frente a la aprobación de un ente tan vastamente ramificado.

1 La Ley Fundamental y la Ley de Construcción de Schoenstatt

El estudio parte de los actuales enfrentamientos respecto a Schoenstatt. No tiene como tema solamente la organización, sino también el espíritu y la vida. Corresponde, por lo tanto, que a la ley fundamental y de construcción, que es la ley metafísicamente última y válida para ambas partes, yo le dé una formulación que facilite su aplicación a todas las preguntas correspondientes, y que aliviane el sentimiento vital concomitante. Es así como nace la afirmación clave:

Una fuerte limitación o reducción adecuada de poder en lo organizativo-jurídico, unida a una plenitud de poder extraordinariamente rica en lo vital.

Con esto tiene usted ante sus ojos la metafísica de Schoenstatt, ya sea que lo comprenda como escueta organización, o como organismo vivo. Por eso, en la formulación, aparecen las palabras claves tan fuertemente acentuadas: "organizativo-jurídico" y "vital". La jerarquía está comprensiblemente interesada en resguardar la plenitud de su propio derecho y poder, y la preocupación principal del Visitador se dirige, según puede comprobarse, hacia una múltiple disminución de poder a Schoenstatt. Por esa razón se encuentra en la formulación el par de palabras opuestas "plenitud de poder en lo vital" y "limitación o reducción de poder en lo organizativo".

La primera parte de la ley fundamental y de construcción, formulada de ese modo, apunta hacia el principio último de organización. Como puede verificarse, éste ha sostenido, inspirado y definido mi actividad organizativa desde el comienzo de la historia de la Familia, a través de todas las etapas hasta el día de hoy. Siempre y en todas partes, quería tanta organización jurídicamente asegurada, sólo cuanto fuese absolutamente necesario, de manera de conservar robusto y resistente el conjunto de la Obra para todos los tiempos, los ámbitos y situaciones, se tratara de la Familia en su autonomía o en su carácter membral, en el marco del orden jerárquico ya existente. La organización siempre fue para mí únicamente una red de canales, por cierto llena de significado, pero algo que nunca puede considerarse lo principal. La atención y la preocupación primarias estuvieron siempre dedicadas al poderoso torrente que todo lo inunda. La organización era algo secundario. El organismo, vale decir, el espíritu y la vida, fue en todas las situaciones mi inquietud prioritaria. Por ello, la segunda parte de la formulación de la ley metafísica fundamental y de construcción reza: "plenitud de poder extraordinariamente rica en lo vital".

1. Plenitud de poder en lo vital

En cuanto hasta el momento he intervenido en la lucha actual, sea desde un primer o segundo plano, siempre se ha procurado salvar, asegurar e incrementar ese torrente de vida. Por eso la eterna lucha por el reconocimiento y aprovechamiento del torrente de gracias extraordinariamente rico que brota desde nuestro santuario –antes podíamos llamarlo "misterio de Schoenstatt"[5]–, por la educación del hombre nuevo en la nue-

---

5   El concepto "misterio de Schoenstatt" tiene su origen en una expresión de Mons. Wolker a un sacerdote de Schoenstatt en el año 1930, porque no habría podido revelar todavía el secreto de Schoenstatt (MTA 1931, 65s). Con ocasión de una repre-

va comunidad y por nuestro método de educación. El estatuto general no toma posición expresa alguna al respecto; si bien hace mención de nuestro santuario, sin embargo, no se confronta con su significado ni se preocupa por su valor propio y su contenido simbólico. Esta es una posición que sólo puede asumirse si uno se siente, en ese torrente de vida, tan a gusto como un pez en el agua. Se puede sostener la idea de que organización es organización, y vida es vida, y de que ambas cosas deben permanecer separadas en la formulación y presentación. Esto no significa que no pueda sostenerse también la posición contraria. Así, el estatuto general se ocupa exclusivamente de cuestiones de organización.

2. Limitación de poder en lo jurídico

Se me envió al destierro (…) –y todo esto por la expresa razón "de que el Movimiento debe ser conducido ad *mentem visitatoris*[6] y no *ad mentem Patris Kentenich*". Durante una conversación en la mesa, el Jueves Santo, en la casa Marienau, dijo el Visitador: "Debe ponerse también límites jurídicos a la Obra en su conjunto para que usted (se trata de mí), al regresar, no pueda en modo alguno traspasar determinados límites." ¡No pensaría ni hablaría el Visitador de ese modo, si hubiese captado, aunque sólo un poco, mi actitud personal!

Es difícil que alguien de nuestras filas esté tan fuertemente, como yo lo estoy, a favor de la disminución del poder jurídico de Schoenstatt, ya que siempre he afirmado, en el sentido de la pri-

---

sentación teatral de la juventud secundaria schoenstattiana en la "Casa de estudios" de Schoenstatt, el 8 de diciembre de 1933, sobre el secreto de Schoenstatt *"Geheimnis Schönstatts"*, el P. Kentenich acuñó la expresión "misterio de Schoenstatt" *"Schönstattgeheimnis"*, imitando la de L. Maria Grignion de Montfort "misterio de María". Durante la visitación apostólica esta expresión fue cuestionada y por un tiempo dejó de utilizarse.

6   Según el pensamiento del Visitador.

mera parte del principio antes mencionado, la limitación del poder jurídico de la Central de asesores y de la Sociedad de los Pallottinos. Por ello, no pocas veces debí soportar que se me hiciera la dura acusación de traicionar a la Sociedad por el Movimiento. Esto sucedió especialmente cuando los Institutos se independizaron y, en la evolución histórica de las cosas, había llegado el momento de definir jurídicamente el lugar de la Liga en su relación con el párroco y el obispo. Como ahora también sostengo la reducción del poder jurídico, no poder vital, del Instituto de los Sacerdotes Diocesanos, se han suscitado entre ellos no solamente diferencias de ideas, sino también dificultades en la actitud respecto a mi persona. No me sorprendería si aquí o allá alguien opinara: "¡Gracias a Dios que él no se encuentra ahora aquí! De este modo podemos hacer valer nuestra postura según nos plazca."

Del mismo modo, aquí corresponde citar mi eficaz esfuerzo por una limitación de mi poder personal. Cuando los Institutos, con ocasión de su autonomía, me ofrecieron un cargo con poder jurídico, lo rechacé conscientemente. Y cuando, por la corriente de seguimiento, se me quería reconocer un derecho semejante por sobre todas las Ramas del Movimiento, me puse en forma consecuente el mismo objetivo y acepté solamente una posición de confianza, tal como corresponde naturalmente y en toda circunstancia a un fundador y cabeza supratemporal de una Familia.

Así pues, creo poder afirmar que el Visitador y el episcopado, en lo referente a la determinación y aplicación de la red de organización, difícilmente podrían haber encontrado un mejor aliado y garante que yo. La razón reside en la más cuidadosa observación del orden de ser en su conjunto, tanto del pasado como del presente y del futuro. Pienso aquí particularmente en el ministerio del episcopado, que es de derecho divino, y en sus formas y derechos históricamente desarrollados y documentados. Sin embargo, también pienso en el desarrollo de las formas de la vida religiosa y de las asociaciones en el ámbito de la Iglesia actual. Pienso, finalmente y no en último término, en la imagen, nítidamente contemplada, del futuro de nuestra comunidad en su forma definitiva y en su íntima conexión, en lo posible sin roces, con las formas de organización existentes. Todo esto no es otra cosa que una aplicación concreta de aquel principio nuestro que todo lo domina: *ordo essendi est ordo agendi,* esto es, el orden de ser determina el orden de la vida; el ser orienta el deber y el querer.

3. Primera parte de la ley fundamental y de construcción

Las dificultades con las instancias eclesiásticas están en otro lado: allí donde se trata del espíritu y la vida. En otras páginas está consignado lo que el episcopado y el Visitador piensan al respecto. Cuando los historiadores del futuro digan una palabra sobre la influencia de Schoenstatt en la época actual, deberán explicar entonces que esa influencia no proviene de la red de organización, sino de la dinámica extraordinariamente fuerte del torrente de vida schoenstattiano, torrente que brota desde nuestro Santuario, que fluye con fuerza a través de las comarcas, que lleva y quiere llevar a cuestas barcas y navíos de todo género y formato, y que, finalmente, regresa a su origen.

Como en este estudio se trata principalmente del proyecto de estatuto, en él se toma posición sobre todo respecto de la primera parte de la ley metafísica fundamental. La segunda parte de esta ley ha sido presentada por mí en los últimos meses, con tanta frecuencia y claridad que se hace innecesario referirse a ella, aquí y otra vez en forma más extensa. Tangencialmente podrá tenérsela en cuenta cuando se presente la oportunidad. Para mejor comprensión de las reflexiones siguientes, es aconsejable tomar la conferencia dada por el P. Menningen, el 7 de enero de 1948, sobre "la estructura sociológica de la Familia de Schoenstatt", leerla, meditarla y estudiarla en forma independiente. Yo me limito a perfilar, como un ligero esbozo, el principio parcial arriba nombrado en su sustancia interior, en su desarrollo histórico y en su aplicación práctica en las distintas instancias rectoras.

2 Reflexiones acerca de la sustancia de la Ley Fundamental y de Construcción

1. El principio schoenstattiano de organización

En cuanto usted la considere en su sustancia íntegra, no le será difícil descubrir, en la mencionada ley fundamental, una nueva forma de nuestro principio universal de organización. Este es conocido en nuestras filas como la antigua y sobria formulación: *"vínculos (tan sólo, pero también tantos) cuantos sean necesarios; libertad cuanto sea posible; pero, cultivo del espíritu, siempre, en forma perfecta y asegurada"*. Usted sabe que con este principio se relaciona una gran parte de nuestra historia y de nuestras luchas de Familia (…). Las dos primeras partes son claramente reconocibles en la primera mitad de la ley fundamental antes mencionada. Ella reza: *una fuerte limitación o reducción adecuada del poder en lo organizativo-jurídico, unida a una plenitud de poder extraordinariamente rica en lo vital.* La tercera parte del principio de organización, "cultivo del espíritu siempre, en forma perfecta y asegurada", se encuentra en la segunda parte de la ley fundamental. Ella reza: *plenitud de poder extraordinariamente rica en lo vital.* La nueva forma, como fuera insinuado anteriormente, está determinada por los enfrentamientos actuales, por los estados de ánimo y sensaciones, por los temores y preocupaciones de poder que ellos conllevan.

Si usted pone el estudio en manos del Consejo o bien del resto de los seguidores, tendrá oportunidad de detenerse y dedicarse a las siguientes preguntas: ¿Desde qué punto de vista, el principio universal de organización es un principio universal ascético y un principio universal de educación? Además: ¿Qué implica el hecho de que, en este principio, se deje de lado la última parte, el cuidadoso cultivo del espíritu, limitándose únicamente a las dos primeras? Si la configuración así descrita se considera como principio moral, se está en lo cierto. Pero si se la llama nuestro principio ascético, se ha falseado nuestra concepción y nuestra enseñanza en puntos esenciales. Tenemos entonces el derecho de hablar de una extremadamente lamentable confusión y científicamente insostenible, de nuestro principio moral con nuestro principio ascético.

En este contexto, usted recordará el Congreso de órdenes religiosas, realizado del año pasado en Roma y las olas que levantara aquí y allá en ese círculo.[7] Se preguntará y responderá también si el hombre-gozoso-en-sus-votos –el tipo de hombre de las órdenes– es fundamentalmente más perfecto que el hombre-sin-votos, perfecto, en una comunidad-sin-votos, perfecta. Percibirá usted en qué dirección apunto.

2. El principio schoenstattiano de gobierno

Si desea ampliar el radio de sus investigaciones, procure descubrir, en nuestra ley fundamental y en nuestro principio de organización, nuestra ley de gobierno: *"afirmamos el principio de autoridad y lo aplicamos democráticamente."*[8]¿Dónde están la

---

7   Cfr. *Herder-Korrespondenz* V (1950/51), 162s.

8   Este principio se formula así en el uso corriente de nuestra Familia. Sin embargo, debido a la importancia de este principio damos su traducción literal que es la siguien-

igualdad y las diferencias entre ambos términos? ¿En qué medida se unen aquí, en una armónica unidad, las corrientes más opuestas del liberalismo y democratismo extremos con el imperialismo que actualmente lucha por el dominio, el totalitarismo o la dictadura? ¿En qué medida se tocan aquí espíritus dominantes en épocas contrapuestas, para reencontrarse en una unidad más elevada y para desarrollar, en la época actual, una dinámica fuertemente formativa y así conducir el mundo y la Iglesia a la nueva orilla? Reflexiones de este tenor no son superfluas para alguien que desea ayudar a solucionar los problemas planteados en la Familia. No son el sentimiento o el instinto los que aquí han de ser decisivos, sino el pensar y el querer orientados por principios.

Si usted desea avanzar todavía más en una profundización científica, sitúe nuestra ley fundamental en el amplio marco del problema enormemente actual de autoridad y libertad, de vínculo y libertad, de forma y espíritu. ¿Qué relación guardan entre sí todas estas preguntas y qué posición tomamos nosotros frente a ellas en virtud de nuestra ley fundamental y de nuestro principio universal de organización, de pedagogía y ascética?

Finalmente una última pregunta: Si Pallotti consideraba el amor como la ley fundamental de sus fundaciones, y eligió por ello el lema *"caritas urget nos"*[9], ¿qué relación tiene esta formulación con la nuestra? ¿Qué es lo que en una y en la otra resuena más fuertemente? ¿No son ambas semejantes entre sí en cuanto al contenido, aun siendo diferentes en la formulación?

¿Cómo fue que Pallotti, en forma análoga a Francisco de Asís, no quiso tener, en el comienzo, ninguna obligación jurídica-

___

te: *"autoritativo en principio, democrático en la aplicación."* Es una formulación usada también por el P. Kentenich.

9   El amor nos urge. Cfr. 2 Cor 5,14.

mente vinculante, sino que reconocía solamente la ley del amor? ¿Cómo se explica que, más tarde, cambiara de posición y, como expresión y seguro del amor, optara por las conocidas promesas, pero no los votos? ¿Qué efecto ha tenido, desde el comienzo en nuestra Familia, la relación entre amor y vínculo hacia abajo en las distintas Ramas? ¿A qué se debe que, en ese sentido, nunca hayamos seguido una débil línea de zigzagueante movimiento? Yo podría continuar con preguntas con el único fin de preparar el terreno en todas partes para una visión clara de los principios en discusión y para una solución adecuada al asunto y al sentido. Lo dicho, sin embargo, ha de ser suficiente.

Nuestra Casa de estudios[10] ha planificado un seminario sobre Schoenstatt. Si le parece bien, usted puede poner todas estas preguntas a disposición de los directores del mismo. Ellos son capaces de despertar y promover iniciativas y un trabajo serio de investigación. Es lamentable que usted no pueda crear una institución semejante para su círculo. Es muy importante que una elite intelectual posea principios claros, no sólo en la situación actual, sino también para el futuro. Así será más fácil resolver con seguridad los casos individuales partiendo de una gran visión de conjunto y de una clara postura fundamental. El tiempo desarraigado e inseguro hacia el cual nos dirigimos exige una luminosa y sólida doctrina de principios. La casuística es válida en el tiempo de formación, fundamentalmente como clase práctica de demostración de los principios, puestos de relieve en forma nítida.

Así también comprenda usted esta carta. Tal vez preferiría tener pronto en sus manos, una breve y aforística respuesta a sus preguntas. Me permito pedirle que, por ahora, postergue ese de-

---

10 Se trata de la Facultad de Teología de los Palotinos en Schoenstatt.

seo. Las ansiadas respuestas surgen por sí solas al final de la carta. Probablemente, ni siquiera sea necesario formularlas. Tan grande es el significado que tiene, en la situación actual, la claridad y solidez de principios y la fidelidad a ellos.

3. Adecuada limitación de poder en lo jurídico

La ley fundamental habla de *"una fuerte limitación o reducción adecuada de poder en lo organizativo-jurídico."* Prudentemente, pues, no habla de una pérdida absoluta de poder o de un derrumbe de poder. Eso contradiría el orden de ser objetivo. Tratándose de seres sensibles, todo organismo necesita, tanto como forma de expresión cuanto también como medio de seguridad y de fomento, de una organización, por pequeña que sea; ya sea que ésta se desarrolle espontáneamente por sí misma, o que sea establecida estatutariamente. Pensemos, por ejemplo, en la actividad grupal de una comunidad libre. Esto tiene especial validez por el estado de pecado original.

Desde esta perspectiva, se entiende la antigua ley que dice: el espíritu se autocrea una forma; la forma protege al espíritu, pero trae consigo también el peligro de ahogar, con el tiempo, al espíritu. Aquí, una vez más, tenemos ante nosotros el problema, difícilmente solucionable, de la relación entre forma y espíritu. En la tierra, esta relación sigue siendo siempre una tarea; nunca se transformará en posesión perfecta, ya se trate de asuntos organizativos, pedagógicos o ascéticos.

El término "adecuada" (en la formulación de la ley) es una expresión dada por la necesidad. Se comporta como una esfinge[11],

---

11 Animal de la mitología griega que asesinaba a aquellos que no eran capaces de descifrar sus acertijos.

como un ambiguo juego de acertijos. Si lo tomamos tal como está ante nosotros, indica que los vínculos jurídicos y los derechos asegurados quieren ser establecidos en la medida en que sea necesario para que la Obra íntegra pueda cumplir su sentido y su objetivo como corresponde.

En nuestro contexto esto significa que los vínculos jurídicos deben ser tan pocos y, a la vez, tantos, y puestos en tal relación de tensión entre sí que la Familia pueda realizar su tarea como agrada a Dios. Si ella ha sido llamada a estar profundamente cobijada en el seno de la Iglesia como miembro vivo y valioso y, al mismo tiempo, llamada a adelantar la nueva irrupción universal en la Iglesia, en el sentido de las "nuevas playas" donde Dios quiere conducirla, entonces sentimos todo el peso de los problemas que reclaman una solución esclarecida. El P. Lombardi, en sus conferencias y escritos, habla de un "nuevo mundo"[12]. Al Santo Padre no le es extraña esta expresión. Nosotros, en su lugar , hablamos de las "nuevas playas".

4. La visión de futuro de Schoenstatt

Esa orilla es determinada esencialmente por las corrientes del tiempo. Por cierto, la Iglesia no vive ni actúa en el vacío; ella es sustentada por seres humanos, a quienes a su vez ella sustenta. Y éstos son configurados por el tiempo, y tienen la misión de configurarlo. El tiempo venidero tiene un rostro diferente al tiempo pasado; se diferenciará esencialmente de la Antigüedad, del Medioevo y de la Edad moderna. Se trata ciertamente de la Posmodernidad que, como una gran época autónoma, quisiera separarse de la Modernidad y tener una configuración propia. Su característica será la relación de los hombres entre sí. Pronto ya no habrá más distancias dignas de mención. De

---

12 Cfr. Lombardi, *Für eine neue Welt*, Heidelberg, 1955

ello se ocupan los últimos inventos y los medios de transporte. Por eso, la influencia de un hombre sobre otro tendrá una forma distinta de la que tenía hasta ahora. A diferencia de antaño, surgen con más fuerza la masa y la masificación, dando al individuo, a la sociedad y a la comunidad un rostro enormemente transformado.

La característica propia de nuestra Familia está en señalar, con cierta unilateralidad en la organización y la vida, hacia el futuro así delineado; en dejarse inspirar por él, anticiparlo desde ahora describiéndolo con trazos audaces, y en esforzarse por plasmarlo y configurarlo. Hombres que vivan sólo en el pasado y el presente, que conozcan sólo la antigua orilla, que tengan una actitud exclusivamente conservadora, difícilmente estarán en condiciones de confrontarse con la visión de futuro[13] de Schoenstatt y con los medios y caminos para su realización.

El colectivismo político de todo tipo y color se gloría de ver y vislumbrar correctamente la situación futura del mundo. Señala, por eso, con todos los dedos hacia el futuro. Con un poderoso movimiento, se separa a sí mismo y a sus seguidores, del pasado y del presente. Ve su grandeza y su mérito en apresurar, a través de maquinaciones revolucionarias, el proceso de relevo histórico. Según su comprensión, un proceso evolutivo-histórico absolutamente necesario. Por eso se explica el fuerte apremio en traspasar el poder a la masa, al grupo colectivo, y en obligar a capitular a las personalidades y agrupaciones de élite. Actualmente, a nadie le está permitido llamar la atención, sobresalir en una cabeza por encima de la masa: de otro modo, se

---

13 Cfr. en este contexto la carta del P. Kentenich desde Uruguay, del 6-5-1948, con motivo de la erección canónica de las Hermanas de María como Instituto Secular. "Visión" debe comprenderse aquí en sentido figurado.

habrá autosentenciado y deberá dejarse absorber nuevamente por la masa.

Nuestro pensar y querer no deben ni quieren romper jamás el contacto con las aguas del río de la historia que ya pasaron. Esta es la primera gran diferencia entre los intentos colectivistas modernos y nosotros.

La segunda diferencia es más difícil de captar. También nosotros vemos con claridad la evolución futura de la humanidad; creemos tener también idea de la etapa final de esa evolución. Porque, voces de los tiempos son para nosotros voces de Dios, porque tareas de los tiempos están ante nosotros como deseos de Dios, respondemos a la visión de futuro del colectivismo con un ideal esencialmente distinto.

Nosotros hablamos de una "comunidad perfecta sobre la base de personalidades perfectas", y quisiéramos que ambas estén sostenidas, determinadas por la "fuerza básica y elemental del amor" y que su pulso esté totalmente marcado por esta misma fuerza. De esta manera nos movemos en un terreno bien conocido, en el cual nos sabemos en casa. Es ocioso, por ello, detenerse aquí por más tiempo. Sólo una cosa resta ser destacada: la magnitud, el peso y la dificultad enormes de la tarea así considerada y delineada.

Debe considerarse como una necesidad histórica, como una evidencia irrefutable, el que estamos condenados a vivir, por un largo tiempo, en permanente tensión con círculos al interior y fuera de la Iglesia.

Es difícil poder estimar suficientemente la magnitud de la diferencia entre los círculos extraeclesiales que han caído en el colectivismo, o están influenciados por él, y sus ideales, por un lado, y nuestros ideales, por el otro. Ambos hablan del "hombre nuevo"; el contenido, sin embargo, es esencialmente diverso. El hombre nuevo en la nueva comunidad tiene para nosotros el rostro delineado anteriormente; mientras, según la comprensión del colectivismo, el hombre nuevo es el hombre total y absolutamente despersonalizado y masificado. Nosotros nos hemos puesto como ideal el amor en alto grado. Lo que el P. Lombardi llama "cruzada del amor", nosotros lo asumimos en forma más profunda. Hablamos de nuestra multiforme y universal *alianza de amor* como forma fundamental e imagen última de nuestro vivir y aspirar. El otro bando vive del odio, del odio personal y de clase. Nuestra alianza de amor lucha eficazmente por la superación de la despersonalización de Dios, de la despersonalización de los demás hombres y de la despersonalización personal; en tanto, el tipo de espíritu colectivista está permanentemente en peligro de arrasar con toda forma de individualidad y personalidad.

Es fácilmente comprensible el que nosotros, por tener tan fuerte y permanentemente en la mira el futuro del mundo y de la Iglesia —no obstante, sin cortar el contacto de ideas y de vida con el pasado y el presente—, entremos en colisión con círculos de Iglesia muy unilateralmente orientados en dirección retrospectiva, apegados sólo o casi sólo al pasado e incapaces de incluir, en su campo visual y de intereses, la nueva imagen del mundo, de la sociedad, de la Iglesia y del hombre. La múltiple tensión entre ambos círculos —los eclesiales y los extraeclesiales— generada por lo antes dicho, se ha revelado hasta el presente como un eficaz principio creador. ¡Que así permanezca para siempre!

No está demás advertir que la tarea sobrehumana que Dios ha depositado sobre nuestros débiles hombros no puede ser realizada sin torrentes de gracia extraordinariamente poderosas. Por eso tiene razón el obispo de X. al decir: "Si se quiere exterminar a Schoenstatt hay que quitarle el 'misterio de Schoenstatt'". Lo que de esto se concluye no necesita subrayarse expresamente. Si se nos prohibe emplear esta expresión, tanto más debemos apegarnos a nuestro misterioso proceso de vida, anunciar nuestro misterio de gracia y, ávidos y hambrientos de salvación, beber en él y hacer que otros también lo hagan. Este es y sigue siendo nuestro punto cardinal, la interrogante de nuestra existencia y nuestra vida. Ante mí tengo una breve anotación. Ella dice:

> Con gran preocupación miro hacia el futuro. En un primer momento pensé que el punto más álgido de las dificultades ya había sido superado. Actualmente tengo otra opinión. En este momento, los acontecimientos externos podrán configurarse, poco a poco, en forma más serena. En eso podrá haberse llegado al punto más alto. Pero ahora comienzan las decisiones internas. Me atemoriza la disolución de la compacta unidad que teníamos hasta ahora, asegurada en el Santuario y en su persona. (…) En la casa Wasserburg alguien habría expresado que allí abajo se habría anunciado con demasiada energía nuestro misterio mariano; que eso lo habría hecho también el P. Kentenich, y que por eso ahora seríamos tan mal vistos por los obispos. Otro habría dejado lugar para una peregrinación manifestando el deseo de que, en esa ocasión, se anunciara más lo mariano en general, y no lo específicamente schoenstattiano.

Si tales expresiones realmente han sido vertidas, sólo puedo decir: *videant consules*.[14] Desde aquí se ilumina con claridad el ti-

---

14 *Videant consules, ne quid res publica detrimenti capiat:* que se preocupen los cónsules de que la república no sufra ningún detrimento. En: Cicerón, *Segunda Catilinaria*, I.

po y grado de los vínculos jurídicos que aspiramos a tener, y su relación con el espíritu, el alma y la vida. Anteriormente,[15] hemos atribuido a los vínculos jurídicos una triple característica: no deben ser demasiado fuertes, ni demasiado débiles, ni pobres en tensiones.

5. La medida de vínculos externos

Si los vínculos son muy fuertes, acarrean consigo el peligro de esclavitud a las formas. Fácilmente, entonces, matan el espíritu y ahogan la vida. Esto es lo que pretende indicar la severa formulación: la forma mata al espíritu. El consiguiente resultado, el hombre que ha caído víctima de la forma, se asemeja al fariseo. El fariseísmo, por lo visto, no debe ser considerado solamente como una manifestación propia de los tiempos en que vivió Cristo; ha de ser un peligro latente para el individuo y la sociedad, también dentro de la Iglesia; de otro modo, el Señor difícilmente habría alzado el látigo con tanta insistencia. A veces pareciera como si él, y san Pablo siguiendo sus huellas, hubiesen combatido inútilmente durante su vida en ese sentido. ¡Tanta esclavitud a las formas y tanto fariseísmo todavía existen hoy en muchos lados! Por ello, la primera parte de nuestro principio universal establece: "vínculos tan sólo los necesarios".

La segunda parte destaca: "pero también tantos vínculos cuantos sean necesarios". Para explicitar esto, en nuestro contexto afirmamos: el vínculo hacia abajo no debe ser demasiado débil; mucho menos aún debemos pensar en una ausencia total de vínculos. Esto último está siempre en peligro de transformarse, de la noche a la mañana, en desenfreno. No será fácil encontrar aquí, en casos individuales, la medida correcta.

---

15 Cfr. p. 13.

6. La medida del cultivo del espíritu

Allí donde nuestro principio es aplicado de la manera más pura –como en el caso de nuestros institutos, sobre todo en el Instituto de las Hermanas de María– el peso de estos vínculos está establecido de modo tan equilibrado que el instituto, a la larga, no es capaz de existir ni de ser fecundo sin un cultivo del espíritu extraordinariamente fuerte y organizativamente asegurado. Con tanta seriedad se concibe y se anhela aquí el ideal del hombre animado por el espíritu. Anteriormente, con frecuencia hemos expresado lo siguiente: queremos estar íntegramente organizados de tal manera que, a la larga, no podamos existir sin espíritu: o bien, existimos y, en ese caso, sólo puede ser con espíritu; o bien, hemos perdido el espíritu y entonces hemos perdido también el derecho a la existencia y podemos y queremos perecer. En esto no somos en absoluto utópicos. Los vínculos son tantos y tan fuertes que, en caso de una decadencia del espíritu y la vida, podremos mantener a flote a la Familia por largo tiempo para asegurarle, de ese modo, la posibilidad de renacer de las cenizas. O bien, procurar que se levante nuevamente un edificio entero a partir de un estado casi en ruinas.

Pero también las otras comunidades de la Familia se esfuerzan, según sus características propias, por mantener un equilibrio en los vínculos externos. Sin embargo, esto sólo es posible si, por el otro lado, el cultivo del espíritu es extraordinariamente elevado, permanente y si está, por lo menos en cierta medida, asegurado. Hacia esto se refiere nuestro principio fundamental: "cultivo del espíritu tanto cuanto sea posible".

Una mirada retrospectiva a la historia de la Familia ayuda eficazmente a la comprensión de la íntima relación de las leyes y fuerzas que operan en ella. A ello también ayuda la extraordinaria y fuerte aspiración que todas las Ramas han demostrado por alcanzar estos objetivos.

Una mirada hacia el futuro, desde el punto de vista de la etapa final del desarrollo en el mundo y la Iglesia, aclara luminosamente el modo cómo la Familia ha permanecido fiel a su tarea, ya sea que ésta se defina como formar "el hombre nuevo en la nueva comunidad", o dar vida a una "comunidad perfecta a partir de personalidades perfectas", sustentadas por la "elemental y básica fuerza del amor". Es decir, hablamos de "la nueva irrupción universal en la Iglesia en el sentido de las nuevas playas". Las tres formulaciones expresan lo mismo, destacando sólo distintos aspectos de un idéntico proceso de vida.

Esta visión así transmitida se complementa cuando, al mismo tiempo, se toma en cuenta el torrente de vida y de gracias. Este torrente, que brota poderosamente desde el Santuario, ha fluido impetuosa e irresistiblemente a través de todos los canales de la Familia, y hasta ahora no se detiene. Si nada engaña, está a punto de iniciar un irrefrenable y victorioso recorrido. Esto vale tanto para nuestra patria como para el exterior. Las dificultades en el interior pueden compararse con las aguas reprimidas por un dique durante un tiempo, hasta que, por su fuerza, sobrepasan todo obstáculo y se traducen en bendición para amplias regiones. En el exterior, la Santísima Virgen manifiestamente se edifica un mundo nuevo. Pronto llegará el tiempo en que nuestra patria y el exterior se vinculen más estrechamente, se complementen y, como instrumentos de nuestra Madre y Reina tres veces Admirable de Schoenstatt, combatan, hombro a hombro, al enemigo común del universo y ayuden a vencerlo para bien del mundo y de la Iglesia, del pueblo y de la patria.

Cuanto más débiles sean los vínculos externos, tanto más urge un cuidadoso cultivo del espíritu. De lo contrario, una organización orientada, de acuerdo a los tiempos modernos, con nuestras grandes metas, no podrá realizar su tarea. Por ello, la educación del espíritu y la vida ocupa entre nosotros un lugar preponderantemente importante. Hasta ahora, hemos puesto tanto énfasis en ello que se nos ha acusado, no del todo injustamente, de haber descuidado el apostolado por esta razón. Ya es tiempo de tomar conciencia de que el apostolado es, igualmente, ambas cosas: expresión de un alto grado de amor y medio para su profundización.

7. La ley de tensiones

Sin embargo, conocemos todavía un segundo medio que, hasta ahora, ha mantenido indestructible a nuestra Familia en lo organizativo y en lo vital. Además del más cuidadoso cultivo del espíritu, nos referimos a la "ley de tensiones". Al respecto, Rodolfo llama la atención en varios pasajes de su carta del 28 de abril.

(......)

No considero los puntos particulares expresados en las citas y, por ahora, no tomo posición alguna al respecto. Sólo quisiera cerciorarme de que se destaque lo que atañe a la ley de tensiones en sí y su significado para la fecundidad de la Familia. Rodolfo teme que el polo "Pallotti" sea considerado y acentuado tan unilateralmente que el otro polo, "Schoenstatt", sea totalmente ignorado. El y sus seguidores se sienten llamados a afirmar, a abrazar con toda el alma y a anunciar a Schoenstatt con su misterio mariano y con toda su originalidad, en el ámbito interno de la Familia[16]. Dado que nuestros institutos, junto al

---

16 La Familia de Schoenstatt

de las Hermanas de María, han crecido fieles al espíritu original de Schoenstatt, tienen la debida idoneidad para realizar esa misión.

No debe sorprender que algunos palotinos, que han bebido de otra fuente durante casi un siglo y que, por lo tanto, se han desarrollado en forma independiente, no encuentren, de un día para otro, la correcta relación con el polo opuesto. Toda transformación necesita tiempo, especialmente cuando se trata de arraigadas ideas y costumbres de vida. Así como Schoenstatt encontró, de manera ejemplar, su camino hacia Pallotti principalmente con su beatificación,[17] del mismo modo los palotinos encontrarán también el camino hacia Schoenstatt.[18] Las discusiones actuales les darán oportunidad para una nueva toma de posición y para crecer en todo aquello que lleva el nombre de Schoenstatt.

Sin embargo, si la relación de tensión entre ambas direcciones se elimina o si no se le da alguna validez jurídica en el estatuto general, en el futuro la historia podrá hablar de una grave falta contra la ley de tensiones. Hasta ahora, esta ley ha llevado a todas las comunidades, líneas y corrientes a correctas y creadoras relaciones recíprocas.

¿No se queda usted perplejo, al descubrir una contradicción irreconciliable respecto a la tendencia antes mencionada, que se esfuerza por reducir el poder de los sacerdotes diocesanos del Instituto? Si comprende correctamente el término "adecuada", encontrará muy pronto la respuesta acertada. Tal como lo verá

---

17 Cfr., entre otros textos, *Semana de Octubre de 1949* (inédita), y la *"Carta de Octubre de 1949 a la Familia de Schoenstatt"*, (ed. alemana bajo el título *"Oktoberbrief 1949"*, Vallendar, 1970).

18 Fue siempre el deseo del P. Kentenich asegurar a los pallotinos la función de una "parte motriz y central" en el Movimiento de Schoenstatt. Tal deseo no llegó a realizarse.

demostrado más tarde, en la presentación de las imágenes rectoras particulares de la Familia, aquí no se trata en modo alguno de una pérdida total de poder; tampoco en el Instituto de los sacerdotes diocesanos. Sólo se trata de comprender e incorporar la recíproca relación de tensión, de tal manera que corresponda, en todas las direcciones, al orden de ser plasmado por Dios. Por esto hemos luchado siempre hasta ahora; así debemos seguir también en el futuro.

¡Investigue usted a fondo nuestra historia desde el principio hasta hoy día! En mi actividad organizativa –que se orientó siempre de acuerdo a la pedagogía divina, según la "ley de la puerta abierta",[19] difícilmente habré dado más importancia a otra ley como a este principio de tensiones. Así como este principio determina el gobierno divino del mundo, así también impregna toda la vida y organización de nuestra Familia. ¡Vuelva a leer la crónica de nuestra antigua Congregación Mariana![20] Ya entonces nuestras secciones y grupos fueron estructurados según ese principio. Nuestra organización, tan ramificada y amplia en este momento, se ha sostenido sin muchos medios externos, entre otras cosas, sobre todo porque este principio dominó la Obra total.

El observador superficial apenas lo percibirá. En el futuro, tampoco será asunto de cualquiera tener claridad al respecto. No obstante, líderes del mañana deben esforzarse por una comprensión más profunda; de otra manera, corren el peligro de ignorar y descuidar, por torpes manejos, asuntos aparentemente

---

19 Este concepto fue desarrollado por el P. Kentenich a partir de 1Cor 16,9 y 2Cor 2,12: Dios muestra a través de la apertura de una "puerta"; el hombre ve su tarea en reconocer y realizar esos planes. Cfr. F. Lüttgen, *Praktischer Vorsehungsglaube bei Pater Joseph Kentenich* en: Regnum, 6 (1971) 61s.

20 Extractos de esta crónica fueron publicados en: F. Kastner, *Bajo la protección de María.*

secundarios, y quizás suprimir puntos que, a la luz del mencionado principio, son de una extraordinaria significación organizativa. Esto tiene especial validez para la respectiva cabeza temporal de toda la Familia.[21] Quien ejerza este cargo debe ser un maestro en la aplicación de esta ley; de lo contrario, conduce a la Familia hacia el abismo. ¿Pero, dónde está la persona a quien Dios haya regalado todas las cualidades para orientar y conducir fecundamente una obra universal de esa envergadura? Debe ser un hombre secular. Una organización no debe suponer contar con alguien semejante. Por eso debe exigir que su cabeza permita que personas de su consejo lo complementen en aquello que él no posee.

Como anteriormente, también aquí corresponde una renovada formación científica en respuesta a las dificultades actuales. Se trata principalmente de una sociología de nuestra Familia desde el punto de vista señalado. Por cierto, no es necesario que el estatuto general exprese claramente la polaridad organizativa. Si ello no ocurre, basta mencionar lo que hace imposible la polaridad en lo medular. Las constituciones normalmente exigen, como complemento, un comentario. En él podrán tener un amplio espacio la referencia de disposiciones particulares a esa ley y la explicación de ella.

Quien quiera disponer de un clásico material formativo, podrá examinar la organización de las Hermanas de María. Allí, la ley de tensiones ha encontrado una expresión ejemplar hasta en las más pequeñas instancias. Personas ajenas se preguntarán con admiración cómo ha sido posible mantener sin votos y en una unidad tan compacta como hasta ahora, a una comunidad femenina de 1800 miembros. El especialista en la materia sabrá

---

21 El P. Kentenich decidió más tarde que no debía haber una "cabeza temporal para toda la Familia".

dar una respuesta confiable. El nos remite, no en último término, a la aplicación práctica de la ley de tensiones. En las consultas sobre el estatuto general, hacemos bien en abrir los ojos, de modo de no cortar nosotros mismos la rama sobre la cual hemos estado sentados hasta ahora.

Le he desarrollado ahora tantas ideas que usted quizás no podrá ver el bosque a causa de tantos árboles. Sin embargo, estoy todavía en el primer punto, en la confrontación con lo sustancial de nuestra ley metafísica fundamental y de construcción. Y usted probablemente se apresurará por pasar a los puntos segundo y tercero, al desarrollo histórico y a la expresión práctica de la ley fundamental en las distintas instancias directrices de la Familia. Lo último lo habrá cautivado especialmente. No obstante, no me tome a mal si le pido que permita confrontarme, aún un poco más, con la sustancia. Su comprensión es de decisiva importancia; ella prepara el suelo para la comprensión de los procesos vitales y las ideas pendientes. Por lo tanto, puede esperar que la segunda y tercera partes sean más breves. Si la postura fundamental ha sido asegurada, la aplicación a los casos particulares ya no resulta difícil. Téngalo presente.

Para quienes están lejos de nosotros, nuestra ley fundamental podrá parecer bien complicada. A nosotros ya se nos ha hecho carne y sangre. Por lo menos, esto tiene vigencia para todos aquellos que, como yo, ven, en su captación, anuncio y realización, una misión radicalmente personal; para todos aquellos que tienen sensibilidad ante la situación de los tiempos y la historia de las comunidades religiosas, y saben leer los pensamientos y deseos de Dios, a partir de esos dos libros[22] y según la "ley

---

22 La situación del tiempo y la historia, los "dos libros", son dos fuentes de conocimiento de la fe en la Providencia. Cfr. Kentenich, J., *Texte zum Vorsehungsglauben*, Vallendar, 1971.

de la puerta abierta", y quienes, al mismo tiempo, tienen un marcado sentido para una psicología, filosofía y teología cercanas a la vida.

8. La idea directriz y las fuerzas propulsoras de Schoenstatt

Nosotros, que hemos crecido con la Familia y que nos hemos unido indisolublemente a ella, conocemos su idea directriz y sus fuerzas propulsoras. La *"Llave para entender Schoenstatt"* [23] se ocupa de ambos conceptos. Somos schoenstattianos en la medida en que la idea directriz y las fuerzas propulsoras de la Familia se han transformado en los pilares que sostienen nuestra vida personal.

Aquí, en nuestro contexto, quisiera destacar por sobre todo la *idea directriz.* Lea usted, por favor, lo que dice la *"Llave…"* sobre este tema. Lo llama "el hombre nuevo en la comunidad nueva con un carácter apostólico universal". Distingue entre un cuño supratemporal y uno temporal. Sobre la forma supratemporal se afirma:

> El 'hombre nuevo', como aquí se entiende, es el hombre animado por el espíritu y vinculado al ideal, libre de toda esclavitud a las formas y alejado de toda ausencia de formas. La 'comunidad nueva' se libera —sin tornarse informe— de todo formalismo sin alma, de un estar uno al lado del otro mecánicamente o sólo exteriormente. Se esfuerza por una profunda unión interior de las personas; por un estar, interiormente, uno en el otro, con el otro y para el otro; por una conciencia de responsabilidad de

---

23 *"Llave para entender Schoenstatt"* es un trabajo que escribiera el P. Kentenich en Berg Sion, Suiza, para el Santo Oficio, poco después de su destierro desde Schoenstatt, en el año 1951.

uno por el otro, responsabilidad anclada en Dios, siempre activa, que impulsa al individuo y a la comunidad al camino del apostolado universal y allí los hace fecundos. El ideal que se expresa es, indudablemente, de orden general. Es decir: todas las comunidades religiosas están interesadas en ello y preparadas y dispuestas para ello, y se esfuerzan a su modo por su realización. Sin embargo, esto no impide el que una comunidad asuma esta multiforme inspiración por el espíritu y vinculación al ideal como un objetivo apostólico particular.

A través de la relación con Pallotti y los Palotinos, la "idea directriz" ha recibido un nuevo cuño. Ella aparece ante nosotros como el ideal de un "hombre perfecto sin votos, en una comunidad perfecta sin votos, con un carácter apostólico universal."

Quien desee saber más detalles acerca de la historia, las características y los efectos de esta idea así considerada, tenga a bien profundizar en el trabajo señalado. Lo que hasta ahora hemos acentuado una y otra vez se le clarificará totalmente. El trabajo comprueba con extraordinaria certeza que Schoenstatt ha sido siempre, en el más eminente sentido de la palabra, un movimiento de espíritu y vida extraordinariamente fuerte. Así está escrito en la primera Acta de Fundación; así lo está también sobre la frente del Schoenstatt joven que, después de la Primera Guerra Mundial, abrió sus puertas e hizo pasar y entrar a través de ellas círculos tras círculos. Allí se encuentra escrita, en letras doradas, la frase: *solemne proclamación de la vida interior*. Léase la carta del 6 de noviembre de 1919, dirigida al joven círculo dirigente de entonces. Ella contiene, sin más, el programa de Schoenstatt desde un punto de vista al cual hemos permanecido fieles hasta hoy. Allí dice:

No sé si usted está consciente de todo el alcance de nuestra tarea y de las dificultades que tenemos que superar. Y, a pesar de eso, debemos ver con claridad para poder asumir en forma correcta y autónoma nuestro puesto, cargado de responsabilidad.

Por la aceptación del estatuto de Hoerde[24], desde un principio hemos renunciado a un movimiento de masas. Esto debemos mantenerlo. De lo contrario, nuestro pequeño rebaño podría dejarse llevar fácilmente hacia conclusiones y decisiones erróneas y desalentadoras. Las exigencias que ponemos son tan profundas, que serán relativamente pocos quienes se decidan a perseverar fielmente junto a nosotros. Esto no es una desventaja; por el contrario, si realizamos nuestro trabajo con el debido espíritu, será justamente nuestra fuerza. Por cierto, organizaciones de masas hay en la actualidad en abundancia. En nuestra época democrática, éstas son necesarias, desde ya para poder influenciar la opinión pública con eficacia. Pero desaparecerán muy pronto, si no hay un trabajo minucioso y consecuente que se ocupe constantemente de su penetración religioso-moral. Aquí queremos y debemos comenzar nosotros, si reivindicamos nuestro derecho de existencia y si queremos colaborar en forma esclarecida en la solución de las tareas de la época.

¡El trabajo minucioso en el alma es nuestro orgullo, nuestra grandeza! ¿No le parece también a usted que, aun allí donde se piensa y se vive todavía reli-

---

24 El 20 de agosto de 1919, antiguos miembros de la "organización externa" de la Congregación Mariana de Schoenstatt se encontraron en Hoerde, Westfalia, y fundaron la Federación Apostólica de Schoenstatt. Los estatutos, que fueran definidos en aquella oportunidad (cfr. Mater ter admirabilis, 5 (1919/20), 11), han conservado hasta hoy su vigencia.

giosamente, sobre todo en nuestros círculos ilustrados, la capacidad de resistencia al espíritu negativo del tiempo es relativamente pequeña? A ellos les falta, o, mejor dicho, a nuestro cristianismo de hoy en general le falta interioridad. La vida interior se encuentra en vías de extinción. Vinieron la guerra y las revoluciones; ambas aumentaron sin medida la superficialidad y la exterioridad.

Y, en medio de este caos, nosotros formulamos un programa que se asemeja a una solemne proclama de la vida interior. Que yo sepa, no existe alguna organización laical que persiga, en forma tan inmediata, tan explícita y, diría, tan despiadada, al espíritu negativo del tiempo hasta en su último escondite.[25]

Así se entiende que, desde el comienzo, hayamos dejado que el espíritu y la vida fuesen lo principal, ocupándonos menos de la organización exterior, y el por qué lo hemos hecho. El desarrollo histórico de nuestro principio metafísico fundamental, que queremos presentar en la segunda parte, nos proporciona en forma instructiva una claridad que aumenta considerablemente nuestra firmeza en los principios. Por eso, aquí, con todo derecho, podemos dejar de lado una explicación más detallada. Mientras sigamos siendo portadores, apóstoles y garantes de la vida interior, podemos esperar una abundante bendición de parte de Dios.

No tardará mucho para que instituciones eclesiásticas clamen por nosotros. Uno de los dirigentes de la Acción Católica en Argentina, miembro de una moderna orden misionera, quien falleciera el año pasado, no se cansaba de observar al Movimiento de Schoenstatt, de estudiarlo cuidadosamente y de es-

---

25 Kastner, F., *Unter dem Schutze Mariens*, 347s

forzarse por su establecimiento en Buenos Aires. El lo hacía con la convicción de que la Acción Católica de ese país, organizada brillantemente hasta en sus mínimos detalles, sin Schoenstatt estaría condenada a la infecundidad o a la muerte. Para él, Schoenstatt tenía la tarea de llenar los canales vacíos de la Acción Católica con el torrente de agua de vida interior, y de conquistar nuevos territorios independientes en su entorno.

Uno de los nuncios apostólicos más agudos que he conocido en mis viajes, sin conocer Schoenstatt, tiene en lo esencial, la misma concepción que nosotros. Una y otra vez, suele destacar que hoy necesitamos una nueva psicología, una nueva pedagogía; que con la antigua ya no llegamos al hombre actual, porque éste ha experimentado un cambio tal en su configuración interior que los círculos de Iglesia no pueden imaginar. Los grandes congresos, de la índole que sean, dice el nuncio, no impresionan al hombre actual. Ellos son una fachada, parte de una maniobra para engañar. Lo principal, para el nuncio, son hoy comunidades de educación que, con nuevos métodos, se empeñen en captar, en animar y conducir a círculos más reducidos al campo de batalla. Esta es la comprensión que hemos defendido nosotros desde el comienzo y que se expresa claramente en todas las manifestaciones vitales.

Nuestra actitud y método probados pueden ilustrarse fácilmente con una sencilla imagen. Imagine un jardinero que debe regar su jardín. El puede lograr su objetivo de dos maneras. Partimos de la base de que en el jardín hay una vertiente que brinda escasa agua. Quien entienda esta imagen, nuevamente reconoce en ella la situación de muchos círculos y asociaciones católicas. El primer método consiste en que el jardinero abra por todas partes arroyuelos, acequias o canales. En ello invierte la mayor parte de su tiempo y esfuerzo. Cuando por fin ha terminado su tarea, se preocupará de encauzar esa poca agua hacia cada una de las plantas. El segundo método consiste en que el jardinero se ocupe primero de cavar más hondo. Por eso, junto a la fuente, cavará más y más hondo hasta que, chorro tras chorro, el agua brote en ubérrima abundancia y con irresistible fuerza, buscando sus cauces por todo el terreno. Entonces, se ocupará de trazar canales para posibilitar mejor que ese bendecido torrente de Dios recorra el jardín y riegue cada una de las plantas.

No resulta difícil aplicar esta imagen a nuestra familia. *La fuente de la cual hablamos brota desde nuestro pequeño Santuario.* Con qué seriedad nos hemos esforzado en ahondarla más y más queda demostrado en la segunda y tercera Actas de Fundación[26]: por la corriente espiritual del "Poder en blanco"[27], de la "Inscriptio"[28] y del Acto de José Engling[29]; por la adoración perpetua en nuestro Santuario y por el ofrecimiento de la propia sangre, hecha con tanta abundancia en los campos de bata-

---

26 Cfr. *Documentos de Schoenstatt,* Editorial Patris, pp. 78 y 123, respectivamente.

27 Esta expresión fue creada en el seno de un curso de Hermanas de María, en 1939, siguiendo una expresión del P. Lippert.
En julio de 1939, el P. Kentenich explicó el contenido de esta expresión en un retiro sobre la vida sacerdotal: "En el lenguaje comercial la expresión 'poder en blanco' significa que la hoja está en blanco, y que yo pongo mi firma sobre esa hoja en blanco. También, de ese modo me declaro dispuesto a hacer todo lo que Dios escriba en la hoja en blanco de mi vida. Quiero estar en total dependencia del Dios eterno y de la Santísima Virgen." En Octubre del mismo año, se consagró él y consagró a toda la Familia de Schoenstatt a la Santísima Virgen en el sentido del "poder en blanco".

28 Esta expresión fue elaborada en un curso de Hermanas de María en el año 1941, a partir de una frase atribuida a san Agustín, que expresa la dimensión psicológica del amor: *"Inscriptio cordis in cor"* - inscripción de corazones. En Schoenstatt, *Inscriptio* designa la forma más excelsa de la alianza de amor, la cual va más allá de la santa indiferencia, propia del Poder en Blanco, y contiene la preferencia por la cruz y el dolor, si esto corresponde al plan de Dios.

29 El 31 de mayo de 1918, José Engling ofreció su vida a la Santísima Virgen en las trincheras, para los planes de Dios respecto de la Obra de Schoenstatt. Desde el 20 de enero de 1952, muchos schoenstatianos siguieron ese ejemplo, ofreciendo su vida por la misión de Schoenstatt. No son pocos los casos en que esa ofrenda fue aceptada.

50

lla, las prisiones y los campos de concentración. Se comprenderá por qué velamos tan celosamente por esa fuente, por qué estamos dispuestos a lanzar anatema tras anatema en todas las direcciones desde las cuales se nos pretende impedir el acceso a esa fuente. Recuérdese en este contexto el "Jardín de María"[30] de las Hermanas de María, tal como se desarrolló históricamente, y el "Jardín de delicias",[31] del Instituto Nuestra Señora de Schoenstatt. La sencilla imagen no sólo ve a Schoenstatt como movimiento de vida, de gracias y de educación, sino que destaca también con claridad nuestra posición respecto de la organización de Schoenstatt. Si un torrente que mana abundantemente no ha de recorrer las comarcas haciendo estragos y devastando, entonces necesita de un cauce, de arroyos, de canales. Esta es nuestra red de organización. Ni la arbitrariedad ni la casualidad le dieron origen. Como en el cultivo del espíritu, también en nuestra actividad organizativa nos hemos orientado siempre según el plan divino. Vuelva a leer lo que dice la *"Llave..."* acerca de las fuerzas propulsoras, que se asocian a la idea directriz para dar a la Obra íntegra el sello de obra de Dios. Allí dice:

> Quien quiera entender Schoenstatt debe enfrentarse a una idea grande, clara, penetrante y entusiasmante. Pero debe conocer también las *fuerzas propulsoras* que operan en su historia. Ambas aunadas, la idea directriz y las fuerzas propulsoras, hacen comprensible una conformación histórica. La idea directriz

---

30 "Jardín de María" designa una corriente de vida que se extendió primeramente entre las Hermanas de María, y luego principalmente entre las comunidades femeninas de Schoenstatt. En diciembre de 1941, el P. Kentenich era prisionero de la Gestapo en Coblenza. Al pedido de una Hermana de nombre Mariengard de que el Niño Jesús llevase al P. Kentenich de regreso al Santuario de Schoenstatt, en la Noche Buena, él respondió que aquel deseo se cumpliría cuando su "corazón y el corazón de toda la Familia se hayan transformado en un floreciente jardín de María" *(Mariengarten)*, es decir, cuando el hombre nuevo en la nueva comunidad se hubiese hecho realidad.

31 Una corriente paralela a la del Jardín de María, al interior del Instituto Nuestra Señora de Schoenstatt.

atrae desde afuera como una causa *finalis;* las fuerzas propulsoras impulsan desde adentro como causa *vitalis.* La idea opera como tarea, la fuerza propulsora está en función de esa idea permanentemente.

Fuerza propulsora es, en nuestro caso, entrega magnánima filial a la conducción divina que ha revelado, en forma lenta y parte por parte, según la 'ley de la puerta abierta', su misterioso plan para con Schoenstatt, y ha convocado e impulsado a su realización.[32]

Por eso, nosotros acostumbramos a decir: entrega filial y providencialista al plan de amor, de sabiduría y de omnipotencia de Dios Padre. No han sido la genialidad ni los planes humanos los que han dado origen a Schoenstatt, sino la sabiduría, el amor y el poder de Dios. Ellos han elaborado un plan, nos han hecho comprender ese plan según la "ley de la puerta abierta" y nos lo han encargado para su realización. Por eso afirma la *"Llave…"*:

> De todos modos es falso considerar a Schoenstatt como un producto casual de circunstancias favorables. Pero igualmente equivocada y engañosa es la opinión de que Schoenstatt sea la obra de un hombre genial, que teniendo en su mente un plan determinado y definido hasta en sus detalles, haya forzado las circunstancias poniéndolas a su servicio. Todo eso no es verdad. Schoenstatt se comprende a sí mismo como instrumento de Dios, quien exige de sus colaboradores e instrumentos humanos un determinado grado de genial ingenuidad, de magnánima entrega filial, para realizar así, en el momento

---

32 Cfr. *Llave para entender Schoenstatt,* bajo el título "Las fuerzas propulsoras".

y en la forma precisos, un plan de amor, de sabiduría y de omnipotencia diseñado desde la eternidad.

De este modo, la historia de Schoenstatt se transforma en un caminar entre la conducción divina, mediante la 'ley de la puerta abierta', y la disponibilidad humana; en un cautivante juego sagrado entre la libérrima solicitación amorosa de Dios y la magnánima respuesta de amor del hombre; en un drama de generosa señalización y preparación del camino por parte de Dios y de un valiente recorrer ese camino por parte del hombre. Todo esto, sin embargo, sirve a una sola meta: la revelación y realización progresivas del misterioso plan divino que, a través de Schoenstatt, quiere dar una forma concreta muy determinada a la gran idea del 'hombre nuevo en la nueva comunidad con carácter apostólico universal'.

Así, y no de otro modo, se ha desarrollado todo: lo más grande y lo más pequeño. Nada, absolutamente nada debe su origen a la arbitrariedad humana, a una caprichosa planificación humana. Dios podrá haber hablado y manifestado su voluntad en ese mismo tiempo, de modo semejante a millones y millones de personas. Ellas podrán haber dado también una respuesta. La diferencia está en que nosotros nos hemos comprendido siempre a nosotros mismos como buscadores de senderos, y en que, conscientemente, hemos interpretado todos los acontecimientos y hemos respondido a ellos considerándolos una lenta revelación de una gran planificación divina. '¡Está en el plan!': esta frase se transformó con el tiempo en una expresión habitual de pleno y denso contenido que daba, a todos los acontecimientos de la propia vida, de la historia de la Familia y del mundo, una connotación muy personal: el carácter de una afirmación cálida, estimulante. *'Vox temporis, vox Dei'* llegó a ser nuestro lema favorito. Y cuanto más interpretamos y consideramos las voces del tiempo como voces y deseos de Dios, tanto menos nos toca el reproche del Señor: 'Vosotros sabéis interpretar los signos en la naturaleza, pero no los signos en el cielo de los tiempos' (Mt 16,3).[33]

La *"Llave…"* describe después cómo se desarrolló todo en la Familia a partir de la idea directriz y las fuerzas propulsoras, tanto el movimiento de vida como la red organizativa.

9. La fe práctica en la divina Providencia

Permítame nuevamente permanecer aquí por un momento. ¿Puedo recordarle que la fe práctica en la divina Providencia es un componente esencial del espíritu de nuestra Familia? Desde el comienzo, ella ha sido su forma fundamental más vital y su imagen última más elevada. Consciente o inconscientemente, la Familia ha rezado una y otra vez el verso del *"Hacia el Padre"*: "Guíanos según tus sabios planes, y se cumplirá nuestro único anhelo."[34] ¿No valdrá la pena recordar estas palabras justamente en la situación actual? Ya la primera Acta de Fundación hace hincapié en esa forma fundamental. Usted conoce el clásico texto: "A quien conoce el pasado de nuestra Congregación no tendrá dificultades en creer que la divina *Providencia* tiene designios especiales respecto a ella."[35] Más claramente aún, reaparece esa actitud en la oración de Inscriptio de José Engling.

---

33 *Llave para entender Schoenstatt,* bajo el título *"Las fuerzas propulsoras".*
34 *Hacia el Padre,* Santiago de Chile, 2001, p. 22, n. 10. En este libro se han reunido oraciones redactadas por el P. Kentenich en el campo de concentración de Dachau, destinadas a círculos schoenstatianos allí confinados.
35 *Documentos de Schoenstatt,* pp. 62-63, n. 7

El reza: "Pero si puede conjugarse con tus *planes,* permíteme ser una ofrenda para las tareas que tú le has puesto a nuestra Familia."[36] Este auscultar y buscar la voluntad divina, el atento escuchar los deseos de Dios y la alegre obediencia a él, han sido siempre el sello característico de la Familia. Por ello denominamos al "mensaje de la fe práctica en la Divina Providencia" sin más el mensaje de Schoenstatt.

¿No deberíamos, acaso, en el actual caos espiritual, pedir el aumento, la abundancia y la garantía de esa gracia? Se la ha llamado nuestro carisma. Tenemos toda la razón para hacer propia esa expresión. Si es verdad que nos hemos movido en los años anteriores en torno a la Alianza de Amor y a la idea de instrumento, correspondería entonces preguntarse: ¿no debería orientarse el próximo lema de año hacia la fe práctica en la divina Providencia? Nuestras Semanas de Octubre suelen hacer una meditación retrospectiva de las fuerzas fundamentales de la historia de nuestra Familia. Entre ellas, la fe en la Providencia no ocupa ciertamente el último lugar.

Ya hace tiempo he solicitado a nuestra casa de estudios que tenga a bien conseguir, además del experto en teología de la Alianza[37], otro teólogo que asuma como su tarea de vida anunciar la *Providentia* divina en forma teológicamente exacta, aplicándola a la historia de la época y del mundo y, no en último término, a la historia de nuestra Familia. Por lo demás, resulta sencillo, con la ayuda de la fe en la Providencia Divina, ver de una manera nueva la historia entera de la Familia desde el comien-

---

36 Schulte, Heinrich, *Omnibus Omnia, Lebensbild einer jugendlichen Heldenseele aus Schönstatts Gründungstagen,* Limburg 1937, 372. En el texto original dice: "…que le has puesto a nuestra congregación." El subrayado es del P. Kentenich.

37 Se trata del R.P. H.M. Koester, SAC

zo hasta el final, captarla vitalmente y aprovecharla para un activo trabajo conjunto.

Pronto habrán pasado diez años desde que el P. Eise entregó su vida a la Santísima Virgen por la Familia, en el campo de concentración.[38] Antes, con la mirada puesta en una personalidad histórica, con gusto lo llamábamos el "tamborilero de la MTA".[39] Es fácil constatar, también en su vida, la fe práctica en la Providencia Divina como forma fundamental y como imagen última. Algo semejante vale para todos los otros congregantes héroes. Todas las demás corrientes e inquietudes también se pueden asumir fácilmente en la fe práctica en la Providencia Divina.

10. Acerca de la organización de Schoenstatt

Cuando pensamos en nuestra red organizativa, preferimos distinguir la fase actual respecto de la forma definitiva. Es esta última la que consideramos, sobre todo cuando hablamos de la imagen rectora de la Familia. La forma de organización actual corresponde, hasta en todos sus detalles, al plan divino para el aquí y ahora. Cómo debiera verse el desarrollo ulterior, eso, en condiciones normales, lo hubiésemos decidido según la "ley de la puerta abierta". Por la intervención del Santo Oficio, el desarrollo se aceleró. El estatuto general nos proporciona las líneas globales que el Santo Oficio desearía ver realizadas.

Al conocedor de la situación le resulta claro que la forma definitiva insinuada a través de esto se encuentra y debe encontrar-

---

38 El P. Albert Eise fue colaborador del P. Kentenich desde la Primera Guerra Mundial. Murió de disentería, el 3 de septiembre de 1942 en Dachau.

39 M. Becker había escrito una novela sobre Adolf Kolping con el título *El tamborilero de Dios*, Paderborn 41948

se en muchos puntos de la Acción Católica. La razón está en que ambas instituciones están relacionadas por metas semejantes y fundamentos semejantes. Las leyes de la naturaleza y de la comunidad humana son esencialmente las mismas; y son hombres y comunidades quienes han de ser portadores de la gran tarea. Si, en general, las tareas y los portadores determinan esencialmente la organización, se entiende la similitud de ambas instituciones. En nuestro caso, el asunto se torna más complicado por la incorporación de entidades autónomas. Pienso en los Palotinos y en los demás Institutos. Las diferencias que surgen así en la estructura del ser justifican un desplazamiento de acentos en el juego de las fuerzas de la organización. Lo mismo vale si pensamos en nuestro original y último principio de organización, que tan extensamente hemos explicado. Por eso, su aplicación encuentra especiales dificultades, ya que no sólo debemos tener en cuenta la autonomía en nosotros y entre nosotros, sino también un multiforme carácter membral frente al organismo jerárquico. Aquí reside, a la larga, el problema más intrincado.

Ya Pallotti se cuidó de querer otorgar a la conducción del Movimiento un ministerio eclesiástico en el sentido propio de la palabra. El sentía -en forma análoga a nosotros- la dificultad de armonizar la jerarquía y un Movimiento mesuradamente autónomo, con su propia centralidad. Tal vez al episcopado alemán le sea menos conocida la organización de la Acción Católica en los países latinos. Así podría explicarse un "reparo ante un ente tan vastamente ramificado".

Nosotros, por nuestra parte, debemos sostener: es conveniente que estemos alertas ahora, en el momento en que se determina la organización. Queremos, también, ayudar a rescatar los intereses esenciales de cada una de las ramas según la ley de tensiones. Mi opinión personal, sin embargo, se refiere a lo siguiente: no se trata de acentuar un poco más o un poco menos. Presuponiendo que no se cometan faltas estructurales irreparables, que imposibiliten una irrigación sanguínea de todo el organismo, *lo principal es y sigue siendo el torrente de vida que brota poderoso desde nuestro Santuario.* Es éste el que debemos vigilar celosamente, cultivar cuidadosamente y defender en todos los frentes. Una organización deficiente, con riqueza de vida, puede existir mejor que una organización perfecta con una vida raquítica. Esto lo prueba no sólo la historia de la Acción Católica, sino también la de otras asociaciones y entidades.

Reflexiones Históricas

Con esto retomo el esquema que expusiera antes brevemente. En sí, mi tarea consistiría ahora en desarrollar la historia íntegra de las órdenes, desde el comienzo hasta hoy día, revisándola según conocidos y probados principios de organización y de gobierno. De la misma manera, debería resumir los resultados probados de una psicología, filosofía y teología cercanas a la vida, relacionándolas con los citados principios. Entonces, se iluminaría con una luz nueva y más clara nuestra ley metafísica fundamental y de construcción. Por lo visto, un intento semejante tomaría más tiempo del que dispongo. Tampoco esto sería absolutamente necesario para alcanzar el objetivo de esta epístola. Por eso, por el momento renuncio a ello. Pero le pido que transmita el conjunto de las preguntas al seminario sobre Schoenstatt, en la Casa de estudios o bien, que usted cree entre los sacerdotes del Instituto una institución semejante, que encare los problemas correspondientes y se esmere en darles solución. Formulada concretamente, la pregunta es: ¿Cómo se regula, en la organización de las distintas órdenes, la relación entre vínculo y libertad? ¿Qué lugar ocupa en ella la ley de tensiones?

1. Nuestra misión y nuestro Santuario

Si los schoenstattianos tenemos realmente la misión de crear un nuevo tipo de hombre y de comunidad, tal como lo necesita la Iglesia en la nueva orilla, entonces no ha de ser pequeña la diferencia entre nosotros y muchas otras e innumerables comunidades religiosas de estilo más nuevo y más antiguo, trátese de órdenes en el sentido estricto de la palabra, o bien de congregaciones, comunidades sin votos, o institutos seculares con disposición positiva para los votos. Aunque se demostrara que los principios metafísicos últimos son esencialmente los mismos -al menos allí donde han existido comunidades y han probado su fecundidad a lo largo de siglos- la aplicación de los principios al juego recíproco de fuerzas no habría de ser, sin embargo, accidentalmente diferente.

Una vez más, de aquí se sigue, entonces, *el significado de nuestro Santuario y del poderoso torrente de gracias que brota ininterrumpidamente desde él.* Permítame reiterar una y otra vez que yo jamás me habría animado, ni tampoco me animo ahora, a enfrentar la realización de nuestra gran tarea, si nuestro Santuario, en su valor propio y en su contenido simbólico, no tuviese, en la Familia toda, *el* lugar que le corresponde, por lo visto, según el inequívoco plan de Dios. *El plan de Dios y el Santuario constituyen una unidad esencial de pertenencia. ¡No es posible pensar al uno sin el otro!* Así como la Sociedad de los Palotinos debe estar ordenada a su obra externa,[40] del mismo modo ambas dependen, según el deseo de Dios, de nuestro Santuario. Así está escrito en nuestra Acta de Fundación. La "provincia alemana" allí nombrada[41], y con la cual Schoenstatt como lugar de gracias es visto en estrecha relación, debe ser considerada como símbolo de la Sociedad pallottina entera. Que el Movimiento no puede existir sin el Santuario, es convicción de toda la Familia y, con el correr del tiempo, se manifestará aún más como una suerte de dogma.

---

40 Cfr. sobre el particular Schulte, H., *Vinzenz Pallottis 'Katholisches Apostolat',* Limburg, 1947, 236ss
41 *Documentos de Schoenstatt*, p. 62, n. 7

2. San Miguel

Cada vez que veo, en nuestros Santuarios filiales de América Latina, a san Miguel en el lado del Evangelio; cada vez que observo la lanza o la espada que lleva en sus manos, pienso que él no sólo es custodio y vigía del Santísimo, sino también de nuestro misterio mariano. Me sucede *como si escuchase de su boca no solamente la expresión "quis ut Deus"*, sino también *"quae ut Mater et Regina ter admirabilis de Schoenstatt"*.[42] Mientras escribo esta idea, alguien me susurra[43]: "Este es un pensamiento que escuché, por primera vez, en la colocación de la imagen de san Miguel en nuestro Santuario local." E, inmediatamente, relata con entusiasmo:

> Era el 29 de setiembre del año pasado, en la fiesta de san Miguel. Nosotros, los chilenos, no pudimos terminar nuestro Santuario de una vez. Tuvimos que conquistar una tras otra las distintas partes del mobiliario interior. Así es como tardó un tiempo hasta que pudimos colocar la estatua de san Miguel en su lugar. En Chile, ningún artista podía tallarla como nos hubiese gustado. Por eso, tuvimos que traerla desde Alemania. La colocación tuvo lugar en un marco de gran solemnidad. Todo el Movimiento participó en ella. Dos universitarios del círculo schoenstattiano llevaron a su lugar la estatua de san Miguel, festivamente adornada con guirnaldas. Antes ya se había cantado en español: "Pueblo, pueblo mío..." En especial la última estrofa resonaba con fuerza en nuestras filas:
>
> ¡Pueblo, pueblo mío, comprométete!

---

42 "¡Quién como Dios!" "¡Quién como la Madre y Reina tres veces admirable de Schoenstatt!"

43 La secretaria que asistía al P. Kentenich en aquel tiempo en Santiago de Chile.

> Mira cómo aparece,
> desde la noche de los tiempos,
> luminoso, para luchar con nosotros,
> rodeado de la luz de santas legiones,
> nuestro Angel Miguel,
> al servicio de Cristo y de María.
>
> Llevando en la mano la llama de la espada,
> sobre el escudo la 'Gran Señal',
> ante quien los espíritus infernales retroceden;
> surca en vuelo, venciendo con fortaleza,
> delante nuestro.
> ¡La noche se torna clara!
> ¡Pueblo, pueblo mío, comprométete:
> funda un nuevo Reino!
>
> Después que el Arcángel había ocupado su trono,
> un universitario rezó una oración compuesta por él
> mismo, la cual, del principio al fin, tenía esta tóni-
> ca: ¿Quién es como Dios? ¿Quién es como nuestra
> Reina? No sólo el contenido era emocionante; más
> aún, me cautivaron el fuego y la convicción llena de
> fuerza que se percibían en el modo de rezarla.

Transcribo a continuación la oración en español y agrego después una traducción según el sentido [que en esta traducción se omite, N. del T.]. Lo hago porque veo cada vez más claro qué importancia tiene el modo latino de pensar, querer y sentir para suavizar y complementar nuestro áspero modo germánico:

> ¡Oh Arcángel San Miguel, vasallo fidelísimo de la
> Reina de los Angeles, ante cuyo trono haces guardia,
> con tu espada de fuego y tu lanza invencible; déja
> nos repetir, en este día, tu nombre poderoso, el anti
> guo grito de victoria: ¡Quién como nuestro Dios!

En la Capillita de Schoenstatt, que te estaba dedicada, viste nacer un vasto Movimiento, destinado a vencer las potencias infernales; y, desde ese momento, tú, que fuiste elegido por Dios para arrojar al abismo a Lucifer y a los ángeles rebeldes, te pusiste al servicio de la Madre y Reina tres veces Admirable de Schoenstatt. Sé, pues, nuestro amparo contra la perversidad y las acechanzas del demonio, y da fuerzas a nuestro brazo para que podamos repetir contigo eternamente: *¡Quién como nuestro Dios! ¡Quién como nuestra Reina!*

Tú, a quien Dios eligió como custodio de su pueblo escogido en la Antigua Alianza, y a quien, llegado el tiempo, puso como custodio de la Nueva Alianza, fuiste testigo de la Alianza de Amor que la Madre tres veces Admirable selló en Schoenstatt con los congregantes héroes. Sé, pues, custodio de nuestra Alianza de Amor y danos que, a imitación tuya, seamos ejemplo de una fidelidad nunca vista, para que podamos repetir eternamente: *¡Quién como nuestro Dios! ¡Quién como nuestra Reina!*

Que, a ejemplo tuyo, luchemos infatigablemente al servicio de Dios; que luchemos sirviendo a nuestra Reina y que consagremos nuestras vidas a incorporar nuevas almas a la Alianza de Amor.

Oh Arcángel San Miguel, amparados con tu protección y animados por tu ejemplo, nos ponemos nuevamente al servicio de la Mater Ter Admirabilis y, llenos de alegría y de confianza, repetimos por siempre: *¡Quién como nuestro Dios! ¡Quién como nuestra Reina!*

3. Vicente Pallotti

El mismo elocuente lenguaje habla, para mí, Vicente Pallotti. El modo como su estatua está aquí, en el extranjero, en los Santuarios filiales[44], es una prédica viva sobre nuestro misterio mariano. Los rasgos del rostro son recios, adustos, casi inasequibles, como si quisieran decir: "¡Nada de componendas, nada de concesiones!" La mano derecha sostiene un letrero, sobre el cual se leen las palabras *"Apostolatus Catholicus Schoenstattensis"*. El acento principal recae sobre la última palabra; la inscripción está, por cierto, estrechamente relacionada con el Santuario, el cual, por su tamaño, ocupa un lugar relativamente grande. Lo que los rasgos del rostro expresan inequívocamente, lo confirma la mirada, dirigida hacia el Santuario. Pareciera ser la mirada de un capitán que no quiere separarse del Santuario ni permite que enemigo alguno se le acerque. En Chile, la mano izquierda sostiene el letrero, mientras la derecha protege con un gesto inimitable el santuario. ¿La postura de los dedos ha de expresar fuerza y seguridad, o bien un cierto temor de que se pudiera sustraer el Santuario al Beato, frustrando de ese modo su misión para el mundo y la Iglesia? Sin embargo, la vigorosa figura simboliza una victoriosidad claramente evidente, como si quisiera gritarnos:

> Desde que he sido beatificado[45] poseo mayor poder junto al trono de Dios, mayor influencia también ante la Mater et Regina ter admirabilis. Por eso, no os preocupéis. Yo respondo por el Santuario –por su valor propio y por su contenido simbólico–; yo es-

---

44 La expresión "Santuario filial" designa una imitación lo más fiel posible del así llamado Santuario Original de Schoenstatt. Los primeros Santuarios en el exterior surgieron en Nueva Helvecia, Uruguay (consagrado en 1943); en Santa María, Brasil (consagrado en 1948; en Bellavista, Chile (consagrado en 1949); en Cathcart, Sudáfrica (consagrado en 1949), y en Florencio Varela, Argentina (consagrado en 1952).

45 Vicente Pallotti fue beatificado el 22 de enero de 1950, por Pío XII.

toy junto a todos aquellos que luchan conmigo por él. Los planes divinos que intuyera durante mi vida, los veo ahora con mayor claridad. Schoenstatt los ha visto e interpretado correctamente. Yo abogaré para que se hagan plenamente realidad.

Percibirá usted, a partir de todo lo que escribo, mi inquietud principal. ¿No desea usted hacerla propia? Tal vez dirá: "no es necesario; en nuestras filas, Schoenstatt está asegurado." Yo me alegraría, si tuviera usted razón. Pero no me lo tomará a mal, si pongo su respuesta entre signos de pregunta.

4. Schoenstatt en Alemania

Hace un par de horas me trajeron una carta escrita por un frater chileno del noviciado en Olpe. El joven, fogoso latino, sufre por la división en la Sociedad. Las luchas lo impulsan aún más fuerte que antes hacia los brazos de la Santísima Virgen, de quien espera la gracia de comprender profundamente y vivir siempre Schoenstatt cien por ciento. Le resulta incomprensible el lento desarrollo de Schoenstatt en Alemania. Da las diminutas cifras de los hombres y muchachos reunidos en Federación y Liga. Luego dice:

> ¿Es éste un fruto en proporción a treinta años de trabajo? Desde 1917 hasta hoy, Fátima ha renovado casi todo Portugal en lo religioso-moral, en lo social y en lo político; ha producido movimientos marianos nacionales en Italia y en Francia. Como ya le dije, quiero vivir siempre para Schoenstatt y tomar en serio la Inscriptio, tal como se debe exigir de un miembro de la *pars motrix et centralis*.[46] Pero quiero también estudiar las verdades fundamentales de

---

46 "Parte motriz y central". Con estas palabras, Vicente Pallotti caracterizaba la tarea de su comunidad sacerdotal en relación a la obra externa.

Schoenstatt, hasta poder explicarme por qué en Alemania se avanza tan lentamente. La Santísima Virgen es la 'Gran Señal' que ha aparecido en el cielo. A su alrededor se congregan los cristianos para dar las últimas batallas. Ella tiene que darnos la luz… Créame: para todos los que vienen de Chile hay que pasar aquí por duras pruebas.

¿Por qué será que en Alemania se avanza tan lentamente? Usted sabe dónde encuentro yo la *dificultad principal: en el pensamiento mecanicista de los círculos dirigentes católicos.* Relea lo que en su tiempo escribí al respecto,[47] y tomará usted conciencia de cuán grande y compacta es la muralla que, en ese sentido, hay que derribar y traspasar. "Custos quid de nocte?"[48] ¿Dónde están los vigías de los tiempos, que señalen y detengan al enemigo? Sabemos de estas cosas. ¿Y qué hemos hecho hasta ahora?

Un segundo impedimento reside en la *falta de captación interior de la misión, a nivel personal y de la Familia.* Sume usted el número de nuestros sacerdotes del Instituto, de la Federación y de la Liga, y luego pregúntese: ¿qué es lo que ellos han hecho hasta ahora no sólo en el espíritu de Schoenstatt, sino para Schoenstatt, vale decir, por una vinculación creyente a nuestro Santuario y a sus fuentes de gracia? No queremos enredarnos entre nosotros en luchas sin importancia, sino dirigir la mirada más allá de las estrechas fronteras de nuestra comunidad; queremos concentrar nuestras fuerzas y decidirnos nuevamente por el polo del cual usted se cree llamado a ser custodio. Como en todas partes, también aquí hay una gran diferencia entre custodiar con palabras y custodiar en las trincheras, ofreciendo allí su vida por la santa y gran causa común. Hoy hay que tener valentía

---

47 Se trata de un trabajo del año 1949.
48 "Vigía, ¿qué tan avanzada está la noche?" (Is 21,11)

para declararse partidario de Schoenstatt. ¿No merece la Santísima Virgen los sacrificios que ello implica, por todas las gracias que nos ha intercedido desde hace tanto tiempo?

5. La situación de nuestro tiempo

Si hace memoria del contexto de nuestras reflexiones, recordará que uno solo de los puntos anunciados ya ha sido tratado: nuestra misión personal. Otros cuatro puntos fueron remitidos al Seminario sobre Schoenstatt. De tal manera que sólo resta uno: la situación de nuestro tiempo. Tampoco necesito extenderme mucho acerca de este tema. Innumerables son los cursos -sean de tipo pedagógico o ascético- que lo han confrontado a lo largo de los decenios. En el arte de interpretar los tiempos, todos nosotros hemos llegado a una cierta maestría. Con el objeto de completarlo, sólo agrego un par de frases.

Usted sabe cuánto influyó la situación del tiempo en la captación, formulación y realización de nuestra ley metafísica fundamental y de construcción. De eso se ocupó la "ley de la puerta abierta", que ha determinado y dominado, desde el comienzo, nuestro pensamiento y nuestra voluntad; esta ley se ha convertido en carne y sangre nuestra y, por eso también hoy, al igual que el astro que guió a los Reyes Magos, nos indica el camino, nos da seguridad y fortaleza.

Schoenstatt surgió en un tiempo de cambio revolucionario; nació en un país cubierto por una vasta red de organización como difícilmente exista otro que la tenga. En aquel momento, dos tendencias se enfrentaban en una seria lucha: una conservadora y la otra progresista. La conservadora estaba tan enmarañada y endurecida en formas externas, que debía soportar la acusación de extremo formalismo. Frente a ella, Schoenstatt acentuó, desde el comienzo, una mayor libertad respecto a las formas y su animación, de acuerdo a su sentido. La corriente progresista encontró su exponente en el movimiento juvenil. Como usted sabe, ésta estalló en agitados enfrentamientos contra las murallas de Schoenstatt. En ella ya se anunciaba un tiempo nuevo, esquivo a los vínculos. Una capacidad de intuición e instintiva seguridad y una clara posición metafísica no supieron hacer ante ella nada mejor que acentuar con fuerza y asegurar tenazmente una cierta medida de vínculos. Por eso exigimos "vínculos tan sólo, pero también tantos, cuantos sean necesarios".

En 1912 se dibujaba ya en el horizonte -sólo perceptible a pocos hombres lúcidos- el terrible peligro del colectivismo. Como voces de los tiempos, siempre fueron para nosotros voces de Dios; respondimos inmediatamente con un mayor esfuerzo por una vigorosa vida de amor personal e interior, por una fuerte animación por el espíritu y por una indestructible vinculación al ideal. Frente al nuevo hombre colectivista pusimos el hombre "nuevo", el hombre de Schoenstatt.

En síntesis: las circunstancias de los tiempos fomentaron todos los aspectos de nuestra ley fundamental, y les dieron una magnífica confirmación. Esto vale para la relación entre vinculación, forma u organización y cultivo del espíritu; pero vale también para una adecuada limitación de poder jurídico y para una plenitud de poder y de espíritu de vida.

Con esto termino las consideraciones fundamentales, para pasar a reflexiones históricas y abordar luego la aplicación práctica a las imágenes rectoras de la Familia en forma individual.[49]

Con un saludo cordial para todos

(firmado) J. Kentenich

---

49 Aquí termina el primer envío de la Carta y, al mismo tiempo, la investigación sobre la substancia interior de la ley metafísica fundamental.

Continuará. Estaré a partir del 21[50] en Milwaukee, Estados Unidos de América.

---

50 El P. Kentenich quería viajar originalmente el 20 de mayo a Milwaukee, pero permaneció todavía un mes más en Chile.

El Desarrollo Histórico de la Ley Fundamental y de Construcción

Las consideraciones históricas persiguen un triple objetivo. Ellas quieren ser una clase vital e ilustrativa de los principios que se han explicado; quisieran despertar en nosotros una sana conciencia de tradición, animarnos y educarnos para la fidelidad a la tradición. Procuran incrementar nuestro ánimo vital, aclarar nuestro método de lucha y dar alas a nuestra conciencia de victoria.

La constitución de la naturaleza humana implica que ideas expresadas y captadas en forma abstracta penetren más hondo en la inteligencia, la voluntad y el corazón, si simultáneamente se tocan también los sentidos externos e internos. Por esa razón, todo educador y pastor de almas, esclarecido y fecundo, se esmera, según el ejemplo de Cristo, en expresar las grandes ideas en imágenes, o bien en ilustrarlas con ejemplos prácticos de la vida cotidiana.

Esto debería ser particularmente significativo, si se trata de leyes fundamentales llamadas a configurar creadoramente la historia de la Familia y que definen, por tanto, para siglos, el destino del individuo y la sociedad. Sí, también de pueblos enteros. Cuanto más claramente hayan sido captadas por el intelecto, o cuanto más plenamente hayan sido adquiridas y elaboradas por la vida, tanto más fácil y segura será su aplicación. Deben compararse con los rieles que indican el camino a un tren rápido.

Si los rieles han equivocado la dirección, el tren, tarde o temprano, inevitablemente correrá hacia el abismo. El asunto tiene otro cariz, si los principios son claros, vale decir, si los rieles han sido puestos correctamente. Pero, de tanto en tanto, mayores impedimentos, como, por ejemplo, un clima desfavorable o la maldad humana o bien fenómenos de la naturaleza,[51] atentarán contra la velocidad o la tranquilidad del viaje. Los daños generados por estas causas podrán ser reparados fácilmente, mientras que, en el primer caso, el destino, tanto del tren rápido como de los pasajeros, habrá sido sellado.

No debería ser difícil aplicar la imagen a nuestro caso. El tren rápido es nuestra Familia; los rieles son nuestra ley metafísica fundamental y de construcción. Cuanto más claramente la captamos, cuanto más vitalmente la asumimos interiormente, y cuanto más certeramente la aplicamos, tanto más segura está nuestra Familia frente a experimentos peligrosos, equivocaciones en el camino e interrupciones en la marcha. Por lo tanto, el desarrollo histórico se ha de concebir como una continuación práctica de la explicación de los principios. Es aconsejable ver en ella una doctrina aplicada de los principios y profundizar en la misma.

1. El significado de la historia

Cicerón define a la historia como *"testis antiquitatis et magistra vitae"*[52]. De este modo, toca los dos puntos ya mencionados.

Aplicado a nuestra situación, el aforismo dice: el desarrollo histórico es, en primer lugar, un *"testis antiquitatis"*, es decir, re-

---

51 En su propia copia el P. Kentenich corrigió esta palabra escribiendo "catástrofes de la naturaleza".

52 Cfr. Cicero, De oratore II,36: *"Historia est testis temporarum, lux veritatis, magistra vitae, nuntia vetustatis"*. Es decir: La historia es testigo de los tiempos, luz de la verdad, maestra de la vida, mensajera de la antigüedad.

vela y da testimonio de la sabiduría de enseñanza y de vida de siglos pasados. Quiere retener esa sabiduría como contenido seguro de tradición, para ponerlo a disposición de futuras generaciones, a fin de que ellas lo utilicen como norma probada para la solución de problemas de cualquier índole, trátese de dificultades de organización o de diferencias de opinión de otra naturaleza. Debido a la fácil adaptabilidad de nuestra Familia, de su movilidad y elasticidad, con lo cual se enfrenta a las confusas circunstancias actuales con su caprichosa dinámica, necesita una tradición que, siendo clara y sólida, aúne y asegure una no pequeña capacidad de adaptación.

Lo que Cicerón quiere decir con su afirmación de que la historia es, al mismo tiempo, maestra de la vida, lo describe Nietzsche a su manera. El dice: "La necesitamos (a la historia) para la vida y la acción, no para un cómodo retiro de la vida y de la acción, o quizás, para disimular la vida egoísta y la acción cobarde y mala." [53]

Así comprenderemos por qué no pocos políticos, en tiempos de corrupción generalizada, profundizan en la historia de su país para investigar más detalladamente si el país y el pueblo pueden esperar una reconstrucción y un futuro de mayor grandeza.[54] También aquí es fácil la aplicación a nuestras circunstancias. Quien vaya a la escuela de nuestra tradición, que sepa leer y comprender lo que el dedo de Dios ha escrito en ella, tendrá valentía para vivir y luchar, habilidad metódica y certeza de victoria; se le impregnarán en su cabeza y corazón doctrinas que, como expresión de sabiduría práctica de vida, le otorgarán la capacidad de seguir recorriendo su camino con serenidad y con éxito.

---

53 Nietzsche, F., *Vom Nutzen und Nachteil der Historie für das Leben,* Vorwort.
54 Cfr. Schütz, A., *Gott in der Geschichte,* Salzburg-Leipzig, 1936, 17.

Primacía del Espíritu y la Vida

No se necesita ser maestro en filosofía de la historia y en psicología del derecho para descubrir, en el desarrollo histórico de nuestra ley metafísica fundamental, el hilo conductor que se refleja en todo momento y que, en la mayoría de los casos, se manifiesta en forma extraordinariamente luminosa. Es como si una mano magistral hubiese hilado finamente desde un principio, haciendo un artístico tejido. Ya a primera vista se percibe que la red de organización íntegra está siempre de tal manera unida al espíritu y a la vida, de tal manera irrigada por ellos, que cualquiera percibe sin más que:

> *El torrente de espíritu y vida ha sido simplemente la gran potencia en la historia de la Familia de Schoenstatt.* La organización, frente a él, está situada tan fuertemente en un segundo plano que casi desaparece.

Con esto tenemos la primera y principal afirmación doctrinal, que la historia de nuestro desarrollo organizacional quiere grabar en nosotros para siempre. Para no errar en su aplicación, damos a esa tesis esta inequívoca formulación:

> *Relacionar forma y espíritu de tal manera que el espíritu y la vida sean siempre la gran fuerza que todo lo domina.*

Esto tiene vigencia sobre todo cuando la arbitrariedad y soberbia humanas quisieran, temerariamente, reinterpretar los planes de Dios, distorsionarlos, borrarlos y hasta destruirlos.

La Central de asesores y el Consejo general de la Familia[55] discuten actualmente por fijar y asegurar atribuciones jurídicas de gran alcance. Usted recordará, en primer lugar, la principal afirmación doctrinal principal anteriormente mencionada, interpretará su sentido, estudiará sus límites y elaborará interiormente sus alcances. Entonces, le resultará claro que su importancia consiste en entrar en una noble competencia entre unos y otros, por elevar y hacer siempre más eficaces y fecundos el espíritu y la vida en toda la Familia. No importan tanto, en primer lugar, la organización, los derechos documentados. Si se insiste demasiado en ello, hay gran peligro de que se haga realidad el antiguo y sabio dicho: *"summum ius - summa iniuria"* [56]. Quien siempre invoca sólo el derecho, está en peligro de cometer, las mayoría de las veces, injusticias. Esto no significa que no debiésemos sopesar y codificar cuidadosamente el marco jurídico de cada una de las ramas. Esto lo intentaremos más adelante, cuando apliquemos nuestra doctrina de principios a las distintas instancias rectoras de la Familia. Yo sólo quiero oponerme a una actitud equivocada, y fijar la posición desde la cual deben hacerse nuestras reflexiones, si el estatuto general quiere ser fecundo, tanto en el contenido cuanto en la forma.

---

55 La Central de asesores es el cuerpo de asesores nacionales de las Ramas laicales de Schoenstatt, bajo la conducción del Director nacional del Movimiento. El Consejo o Consejo general es la instancia representativa de todo el Movimiento de Schoenstatt, compuesta por representantes de cada una de las comunidades.

56 El máximo derecho es la máxima injusticia. Cicerón, de offic. I, 10, 33.

1. Primacía del espíritu

Esto es doblemente importante, ya que todos corremos el peligro de hacer de lo principal algo secundario y que, por otra parte, es mucho más fácil poner y mantener en movimiento una maquinaria de organización a la manera que lo hace un operario, que promover el espíritu y la vida. Para esto último es necesaria una singular habilidad, que debe ser regalada por Dios como carisma, o bien recibida por la oración, por el estudio esmerado y por la experiencia de los años.

Para encontrar la recta posición en nuestro pensar y querer, y una forma conciliadora en nuestros debates, se ha tener firmemente en cuenta dos leyes de antiguos maestros. El primero de ellos se llama Salustio, el segundo, Anaxímenes. Lo que ellos nos dicen debería ser conocido por todos quienes dominan nuestra literatura o que han aportado creativamente a la construcción de la Familia.

Cuántas veces hemos citado las palabras de Salustio: *"Omne regnum iisdem mediis continetur, quibus conditum est."* [57] Ellas significan: todo reino se mantiene en alto con los medios y las fuerzas que originalmente le dieron vida. Lo que ha dado existencia a Schoenstatt, lo que lo ha hecho fecundo y lo hizo entrar con notoria dinámica en amplísimos círculos, fue el desbordante torrente de espíritu y vida, no el recurso a la ley y la forma, a la organización y al reglamento. Podrán ser muchas las fuerzas propulsoras que le conquistaron un puesto en la vida pública, en un tiempo relativamente corto. Más adelante hablaremos de eso. Aquí queremos resumirlas bajo la común denominación: espíritu y vida.

---

57 "Todo reino se mantiene con los mismos medios con los cuales fue construido". Esta frase no se encuentra en Salustio, pero si, según el sentido, en Livio, Prefacio de "Ab urbe condita".

Somos conscientes de que la gran fuerza aplicada de ese modo no ha de ser considerada ni valorada sólo en sí misma, sino también y sobre todo en su relación fundamental con la organización.

Mientras la Familia y sus miembros, la Central de asesores y el Consejo general de la Familia permanezcan fieles a la tradición, mientras sirvan desinteresadamente al plan divino original claramente reconocido, la relación de tensión entre forma y vida debe ser resuelta siempre a favor de la vida. Si esto no sucede, habrá que temer que se cumpla en nosotros la amenaza del filósofo griego Anaxímenes, que dice: *"Per quas causas res nascitur, per easdem et dissolvi opportet."*[58] Esto es, textualmente: Las mismas causas que dieron origen a una obra, nuevamente son las que la destruyen.

Aplicada a nuestro caso, esta sentencia quiere advertir: si no permanecemos fieles a las fuerzas fundamentales que despertaron e impulsaron hacia arriba el espíritu y la vida, si no aseguramos las constantes que regulan la relación entre forma y vida, hemos de temer que nuestra misión pase a otras comunidades que mejor logren mantener en alto el espíritu y la vida, y que sepan mantener la red de organización en una permanente relación, de animación y fecundidad, con el espíritu y la vida. Si éste fuera el caso, ciertamente podríamos existir todavía un tiempo más; tan equilibrada es, como explicábamos anteriormente, la red de organización. Pero tendríamos una existencia efímera mientras no aparezca en la pantalla el príncipe que despierte de su sueño a la bella durmiente del bosque. Sin embargo, si carecemos del espíritu y la vida, mientras otras comunidades, ya existentes o recién fundadas, se esmeran con éxito por con-

---

58 Cfr. Diels, *Fragmente der Vorsokratiker,* tomo I, Berlín, 1912, 26.

quistarlos, entonces Schoenstatt pertenecerá a la historia pasada. Habría existido una vez, pero nunca más se justificará como un poder creador para salvación de la personalidad cristiana y del orden social enfermo (...) La Santísima Virgen, que había depositado tantas esperanzas en Schoenstatt, se sentirá defraudada y buscará otros instrumentos aptos.

La Alianza de Amor, fuente de vida de Schoenstatt

Tales consideraciones obligan a preguntarse: ¿Cómo es, pues, el torrente de vida que surgió históricamente? ¿Según qué leyes se ha desarrollado? A esta pregunta responde la segunda y principal afirmación doctrinal.

Ella dice:

> *Si quieres conservar y multiplicar la plenitud de espíritu y de vida que se dieron históricamente, haz que la fidelidad a la Alianza de Amor con la Madre y Reina tres veces Admirable de Schoenstatt sea en todo tiempo tu preocupación principal y tu inquietud predilecta.*

Tras esa afirmación doctrinal hay un mundo grande y hermoso de promisorias realidades, seguras e históricas. Aquí hemos de contentarnos con recordarlas brevemente. Ellas deberían ser materia predilecta y permanente para el estudio y la meditación.

1. El contrato de alianza

Primera realidad[59]: *La Santísima Virgen ha sellado con Schoenstatt y todos los hijos de Schoenstatt una significativa Alianza de Amor.*

---

59 El P. Kentenich había previsto otras "realidades" para este trabajo, pero no llegó a desarrollarlas.

Esta es la convicción creyente de la Familia. Ella se fundamenta en la "ley de la puerta abierta" y de la "resultante creadora". Si la primera de estas leyes nos ha indicado el camino para la revelación del plan divino, la segunda nos convence de que hemos captado bien el que Schoenstatt –tal como se ha desarrollado históricamente y cómo está hoy ante nosotros– no es ni una falsa imagen demoníaca, ni una creación de la ambición humana, sino una manifiesta *obra de Dios*.

Esta convicción debe ser considerada como el fundamento sobre el cual descansa todo el edificio de la Familia. Y la realidad que se esconde detrás de ella es la fuente de gracia, de fuerza y de vida que mana con abundancia, y que impregna e inspira permanentemente a todos los miembros y Ramas de la Familia. Quien quiera comprobar esta realidad, lo hará al releer la *"Llave…"*[60]. Es verdad que allí no se habla explícitamente de la "ley de la resultante creadora". Pero esta ley se expresa concretamente cuando se dan los criterios de la manifiesta divinidad de una obra y se los aplica a la historia de la Familia: pequeñez de los instrumentos y de los medios, magnitud de las dificultades que se enfrenta, así como la profundidad, duración y proporciones de la fecundidad. La expresión proviene de Wundt. En nuestro caso, ella designa una clarísima fuerza divina que, en su fecundidad creadora, trasciende la capacidad de los instrumentos humanos.[61]

Si Mommsen tuvo temor de editar el cuarto tomo de su historia de Roma "porque la innegable y extraordinaria capacidad de transformación, con la cual el cristianismo penetró y transfor-

---

60 *Llave para entender Schoenstatt,* capítulo "La estructura externa".
61 Cfr. Kentenich, J., Oktoberbrief 1949, Valledar, 1970, 35s. El concepto de "resultante creadora" fue tomado por el P. Kentenich de Schütz, A., op. cit., 100, quien, a su vez, lo tomara de Wundt, W., *Grundriß der Psychologie,* Leipzig, 1909, 398.

mó la milenaria cultura romana, no se dejaría reducir a sus categorías históricas"[62], significa por cierto que la historia indica claramente una resultante creadora divina, pero que el autor no se anima a dar a ese niño el nombre que le corresponde. Nosotros no sufrimos de semejante ataque de debilidad. Por el contrario, confesamos alegremente con la *"Llave..."*:

> Quien, después de haber observado más profundamente todos los detalles, mida críticamente la historia de Schoenstatt según esos tres criterios; quien contemple con espíritu creyente el poderoso torrente de vida que, brotando a partir de pequeños arroyos, se impone a pesar de los grandes obstáculos que se interponen por todas partes y de la falta de medios e impulsos humanamente eficaces; quien sepa cuánto heroísmo se ha despertado en todos los estados de vida, de tal modo que muchísimas personas ofrecieran su vida y su libertad a la Santísima Virgen por su Obra, no tendrá dificultad en dar credibilidad a nuestra afirmación.[63] Espontánea y convincentemente, ella se expresa en el sentido de una *certitudo moralis.* [64]

En el Acta de Fundación aparecen inequívocamente, ya en el modo de expresión, el carácter y el contenido de la Alianza de Amor. Medítese el siguiente texto:

> *Ego diligentes me diligo.* Amo a los que me aman. Pruébenme primero por hechos que me aman realmente... Tráiganme con frecuencia contribuciones al Capital de Gracias. Adquieran, por medio del fiel y fidelísimo cumplimiento del deber y por una in-

---

62 En la obra de Mommsen, p. 34. Cfr. Schütz, A., op.cit., 112.
63 Acerca de la divinidad de la Obra. (Aclaración del P. Kentenich).
64 *Llave para entender Schoenstatt,* ibid.. La última palabra significa "certeza moral".

tensa vida de oración, muchos méritos y póngalos a mi disposición. *Entonces* con gusto me estableceré en medio de ustedes y distribuiré abundantes dones y gracias. *Entonces* atraeré desde aquí los corazones jóvenes hacia mí, y los educaré como instrumentos aptos en mi mano.[65]

2. Los contrayentes de la Alianza

Como contrayentes de la alianza se presentan la Santísima Virgen y Schoenstatt. *La Santísima Virgen promete* establecerse en Schoenstatt, desde allí atraer hacia sí los corazones jóvenes y, en su escuela de educación, transformar a los hijos de Schoenstatt en portadores de un gran movimiento de renovación. *Schoenstatt promete* entregarse totalmente a la Santísima Virgen, y, como instrumento, en forma dócil y obediente, dejarse educar y formar, utilizar y consumir para la renovación del mundo.

La Santísima Virgen ha puesto su mirada en corazones jóvenes, es decir, moldeables, capaces de encenderse por todo lo grande, dispuestos al sacrificio. La Compañera y Colaboradora ministerial del Señor en toda su obra de salvación,[66] la bondadosa, poderosa y sabia Educadora de los pueblos, el gran *Antidiabolicum*,[67] la *acies bene ordinata*[68], puede utilizar tan sólo tales corazones como instrumentos en un tiempo revolucionariamente agitado, huérfano de Dios y diabolizado. Todos aquellos que se unen y se entregan a ella, a quienes ella "atrae ha-

---

65 *Documentos de Schoenstatt*, p. 67. Las primeras frases pertenecen al manuscrito de 1914. Las siguientes (desde "traedme" en adelante), pertenecen a la edición alemana impresa en 1919. Los subrayados pertenecen a este trabajo del P. Kentenich.

66 Así definía el P. Kentenich el carácter personal sobrenatural de María desde su curso de ejercicios espirituales *"El sacerdote mariano"*, de 1941.

67 Opositora del demonio.

68 Ejército en orden de batalla (Cant 6,9). En la Liturgia de las Horas, en las antífonas para el Magnificat y el Benedictus del 15 de Agosto se aplica esta frase a María.

cia sí"[69], permanecen eternamente jóvenes de alma, aunque el cuerpo esté agotado y las fuerzas flaqueen.

No es difícil sacar las consecuencias de esta primera realidad, brevemente delineada y corroborada. El camino lo indican los dichos de Salustio y Anaxímenes: *"Omne regnum iisdem mediis continetur, quibus conditum est", y: "Per quas causas res nascitur, per easdem et dissolvi oportet"*.[70] Estas frases han demostrado ser sabias enseñanzas durante milenios. Ellas nos inculcan enérgicamente la advertencia del poeta: lo que habéis heredado de vuestros mayores, conquistadlo para poseerlo.[71]

La indicación vale especialmente para la Central de asesores y para el Consejo de la Familia. Estos deberían tener como su tarea predilecta el cultivar cuidadosamente en los dirigentes y en el séquito fe inquebrantable en la irrupción de abundantes fuerzas divinas en la historia de Schoenstatt, en relación con la Alianza de Amor.

3. La Alianza de Amor como idea directriz de Schoenstatt

No sólo la historia de todo el Movimiento y de las Ramas en particular, ni sólo la rica vida interior de los distintos miembros, sino casi todas las oraciones de "Hacia el Padre" expresan que esta Alianza ha llegado a ser y sigue siendo simplemente la evidente forma originaria y fundamental, la luminosa y entusiasmante imagen última para la inteligencia, la voluntad y el corazón y la fuerza fundamental para todo el hombre en todas las situaciones. Lo que la Alianza fue y es ha de seguir siéndolo

---

69 *Documentos de Schoenstatt*, p 67.

70 Cfr., pp.. 59ss., del presente documento.

71 Goethe, W., Fausto, Parte primera, escena de la noche: "Lo que has heredado de tus mayores, conquístalo, para poseerlo."

en todo tiempo: forma fundamental, imagen final y fuerza fundamental. De otro modo, el espíritu de la Familia se derrumba o, por lo menos, se pierde la riqueza de su fecundidad y su fuerza de convocación.

La idea de la Alianza de Amor con la Santísima Virgen está viva desde tiempos inmemoriales en la Congregación Mariana en la forma del *contractus bilateralis gratuitus*[72]. De allí la hemos tomado, sin embargo, haciendo de ella, a diferencia de la praxis de la Congregación, la idea directriz dominante, o −como ya decíamos− la forma fundamental de nuestra existencia, nuestra imagen final y nuestra fuerza fundamental. Le hemos otorgado un contenido original, la hemos desarrollado en forma creativa, y transformado en un sistema educativo bien ordenado. También aquí tiene vigencia la consigna: así debe permanecer; lo que habéis heredado de vuestros mayores, conquistadlo para poseerlo.

Quien utiliza permanentemente como libro de meditación el *"Hacia el Padre"*, con sus ideas y sus formas literarias vigorosas, no figurativas, se adentra tan profundamente en el mundo de la Alianza, que pronto se sentirá en él como pez en el agua; ese mundo se convertirá en su más personal forma de vida, en su actitud interior más característica y fundamental, actitud con la cual tomará esencialmente todas sus decisiones y plasmará, concretamente, todas sus acciones. Tan profundamente inspiradas por la Alianza están estas oraciones. En unos casos esto acontece en forma directa; en otros, en forma indirecta. Obsérvese que "instrumento", en nuestro modo de pensar, expresa lo mismo que "Alianza de Amor". Incontables veces aparece en estas oraciones este término, aun prescindiendo totalmente

---

72 Contrato bilateral gratuito. Cfr. Kastner, *Bajo la protección de María.*

de que tenemos una *"Misa del Instrumento"* propia, un *"Cántico del Instrumento"*, un *"Via Crucis del Instrumento"*, y un *"Rosario del Instrumento"*.[73] Por semejante abundancia de manifestaciones vitales, se puede hablar con razón de una piedad de instrumento que vive y alienta en el *"Hacia el Padre"*.

Téngase en cuenta, además, que el Poder en Blanco y la Inscriptio constituyen una forma perfecta de la Alianza de Amor. Esto es una demostración más de cuán profundamente arraigada está la idea de alianza en nuestro pequeño libro de oraciones y de cuánto desearía, del mismo modo, hacerse carne y sangre de los orantes. Finalmente, tómese conciencia que todas las acciones importantes aparecen en relación con la Alianza, ya se trate de la vida cotidiana con sus ocultos afanes o de situaciones extraordinarias. Las oraciones de la mañana, de la noche y las pausas creadoras durante el día, animadas por las horas de nuestro oficio, están en consonancia con lo mismo.

La *"Consagración matutina"* medita, como algo evidente, sobre la actitud fundamental de la Alianza de Amor:

> Cuando consideramos nuestras propias fuerzas,
> toda esperanza y confianza flaquean;
> Madre, a ti extendemos las manos
> e imploramos abundantes dones de tu amor.
>
> Aun en las tormentas y en los peligros
> guardarás fidelidad perenne
> a la Alianza que sellaste con nosotros
> y que, con tantas gracias, tú has bendecido.
>
> Tú nos enviarás las vocaciones que con nosotros
> se consagren al servicio de tu Reino;

---

73 Cfr. *Hacia el Padre*, pp. 25, 201, 76 y 110, respectivamente.

> nos darás trabajo y copiosas bendiciones
> y a nuestra impotencia unirás tu inmenso poder.[74]

El día se cierra con la misma actitud:

> Madre, inscríbenos en tu corazón
> y llévanos contigo hacia el cielo.
> La Alianza, que sellamos en una hora de gracias,
> la renovamos ahora con fidelidad.[75]

Cada hora confiesa:

> Queremos reflejarnos en tu imagen
> y volver a sellar nuestra Alianza de Amor.
> A nosotros, tus instrumentos,
> en todo aseméjanos a ti
> y en todas partes por nosotros
> construye tu Reino de Schoenstatt.[76]

La *"Oración del Pastor"*, del pastor que sabe a su rebaño en grandes problemas espirituales, avienta todas las preocupaciones pensando en el poder de bendición de la Alianza de Amor sellada:

> Han sellado una Alianza contigo:
> se conserve firme como fundida en el bronce;
> entonces los sé bajo un seguro y fiel amparo
> y no temo la furia salvaje del diluvio.

> Victoriosamente conducirás a todos hacia el hogar,
> al Padre, para que entonen cánticos al Cordero.
> Creo firmemente que nunca perecerá
> quien permanece fiel a su Alianza de Amor.

---

74 *Hacia el Padre,* 13-15.
75 Ibid, 384.
76 Ibid, 180.

En ellos quieres bendecir la Obra de Schoenstatt
y anunciar a todos los que la conozcan,
que tú la escogiste como instrumento tuyo
y que la conduces a la altura de la Inscriptio.

Por esto, a cuantos me son queridos, nuevamente,
los inscribo en tu corazón a sangre y fuego
y recorro sin angustia el camino de la vida
que la sabiduría del Padre ha previsto.

Si él quiere escoger mi vida como prenda,
la pongo alegremente a su disposición.
Por ellos concede estar eternamente
junto a la Santísima Trinidad
a quienes se consagran a ti
y a la Obra de Schoenstatt."[77]

Permítame repetir: Tal como ha sido hasta ahora, así ha de permanecer en adelante. Lo que habéis heredado de vuestros mayores, conquistadlo para poseerlo.

Tal como será probado más adelante, en la consideración de una tercera realidad, en Schoenstatt todo ha surgido según la "ley de la puerta abierta". Esto vale tanto para las formas externas cuanto para todos los elementos de nuestra espiritualidad.[78] Así resultará comprensible que nosotros, por vivir en un tiempo apocalíptico,[79] con el correr de los años y sin proponérnoslo reflexivamente, nos hemos apropiado de todo el mundo sobrenatural, del mundo del más allá, en un sentido apocalíptico.

---

77 Ibid, 533-537.
78 Esta "tercera realidad" no llegó a tratarse. Para el tema véanse las consideraciones fundamentales en la *"Llave para entender Schoenstatt"*.
79 Cfr. el tratamiento del tema en el tomo *"Piedad de alianza"*.

La imagen de Dios Padre, de Cristo y de María, delineadas en el Apocalipsis, que en unión con los ángeles y los santos, luchan contra el antiguo Dragón por los hombres y por el mundo, se refleja en las oraciones en todos sus detalles.

Estas oraciones ven en la Santísima Virgen a la Gran Señal en el firmamento del tiempo.[80] En ella refulge la imagen bíblica original y fundamental de la virgen-madre. Esta imagen está enriquecida con el precioso don de su concepción inmaculada y de su asunción en cuerpo y alma a los cielos; ella lleva sobre su cabeza la corona de la dignidad real y de la potestad sobre el cielo y la tierra. Como Corredentora y Mediadora universal de gracias, ella está por encima de todo acontecer en el mundo y en el tiempo, en la más estrecha e indisoluble unión con el Redentor del mundo. Así, la Portadora de Cristo se hace Portadora, Preparadora, Servidora y Realizadora de la Ofrenda, como también Distribuidora de los frutos de esa Ofrenda. Por eso la llamamos Compañera y Colaboradora ministerial de Cristo en toda la obra de redención.

No debiera resultar difícil encontrar en las oraciones del *Hacia el Padre* estos rasgos de nuestra imagen de María que acabamos de insinuar y resumir. Para dar al menos un ejemplo, menciono la oración *"Al Angelus"*.[81]

En este contexto, no ha de olvidarse que las oraciones del *Hacia el Padre* no solamente señalan hacia un objetivo lejano, arriba en el cielo, ardientemente anhelado, sino que, al mismo tiempo, son expresión de una posesión venturosa, de ser verdaderamente una vida que vive toda la Familia. Con ello, ciertamente no se pretende afirmar que todos los miembros poseen el mis-

---

80 Cfr. Apoc 12,1.
81 Cfr. *Hacia el Padre,* 224ss.

mo grado de espíritu mariano. Lejos de ello. Repito: tal como ha sido, así debe permanecer por siempre. Lo que habéis heredado de vuestros mayores, conquistadlo para poseerlo.

4. La Alianza con María conduce a Cristo

Como se puede demostrar, tanto la doctrina como la vida acentúan dos aspectos: la biunidad interior del amor a Cristo y a María –sin pretender por ello borrar el límite existente entre ambas personas– y el ir hacia el Padre en Jesús y María bajo el influjo del Espíritu Santo.

La citada biunidad interior fue, desde el comienzo, una inquietud central de la Familia. La "ley de la puerta abierta" nos la había sugerido. La fundación, en efecto, acontece en un tiempo en que el pensar mecanicista creía tener que separar y distinguir a Cristo de su Madre en la piedad práctica. Ténganse presente nuestros desacuerdos con la corriente litúrgica y con el movimiento juvenil. Recuérdese nuestro enfrentamiento con las influencias protestantes y las desviaciones idealistas en la mentalidad alemana. ¡Téngase presente la razón principal de nuestra actual situación!

Si se contempla todo esto, se entiende lo que queremos decir cuando afirmamos que la expresión de San Isidoro: –*ut sim servum filii, appeto servitutem genitricis* [82]– se ha verificado en la vida de nuestra Familia y en nuestra alma en el más pleno sentido de la palabra. El íntimo amor a María ha hecho madurar en nosotros -para usar una expresión de Pío X –la "*intellectualis*

---

82 "Para ser un servidor del Hijo, aspiro a servir a la Madre." Una frase semejante se encuentra en Ildefonso de Toledo, De virg. perp. B.M., c. 12: *Ita serviam matri tuae, ut ex hoc ipso me probes servisse tibi.* De tal modo serviré a tu Madre, que de ello mismo pruebes que te he servido a ti.

Christi cognitio" a una *"vitalis"*.[83] Ella se ha transformado para nosotros –según el mismo pontífice- verdaderamente en el camino más fácil, más seguro y más corto hacia la intimidad con Cristo y a estar poseído por el Padre.[84] Así fue desde el inicio, así debe permanecer para siempre. Lo que habéis heredado de vuestros mayores, conquistadlo para poseerlo.

Recuérdense las dos oraciones que surgieron en los primeros años de la historia de nuestra Familia: "Madre tres veces Admirable…", "Madre, con tu Hijo Divino…"[85] En la primera se enuncia el objetivo propio del amor a María: "para que el mundo por ti renovado glorifique a tu Hijo Jesús." La segunda comienza y concluye indicando esa biunidad interior. El comienzo dice: "Madre, con tu Hijo Divino…". Y finaliza con la convicción: "Patria, solo tendrás salvación si, en amor, te unes a María y a su Hijo."

Esta misma idea recorre, como un pensamiento central, numerosas oraciones en el *Hacia el Padre*. Estas expresan la vida hecha oración en los años anteriores. Cito algunos ejemplos clásicos:

> En tu arduo camino de cruz no puede faltar María,
> *tu Permanente Cooperadora*
> *en la salvación de los hombres;*
> el Padre *la puso a ella al lado tuyo,*
> como antaño le dio Eva a Adán por compañía.
>
> Un mar de dolor conmueve *los dos corazones…*
> pero nada podrá jamás arrancar de ellos la decisión

---

83 "Conocimiento intelectual de Cristo" a "vital". Cfr. Pio X, Encíclica *"Ad diem illum"*, del 2-2-1904: *"vitalis Christi notitia"*, ASS 36, 452.

84 Cfr. ibid., ASS 36, 451.

85 Oraciones compuestas por el P. Kentenich en 1916, impresas primeramente en papel de carta y tarjetas postales. Editadas en castellano en *Hacia el Padre*, 627-8.

de atenerse inconmovibles a la voluntad del Padre
y de recorrer *juntos* el camino del sufrimiento.

Desde entonces, cada vez que se alza la humareda
del fuego infernal,
te sirves de María,
que pisa la cabeza de la Serpiente,
para reprimir, por la palabra de una mujer,
a la Bestia, que abre sus grandes fauces de dragón.

En unión con María
quieres salvar a los hombres,
encadenarlos al igual que tú
a la voluntad del Padre.
Ella es y será siempre el señuelo, el imán,
al cual nuestro corazón difícilmente podrá resistir.[86]

O bien:

Aquellos que prescinden de María,
quien, según el plan del Padre,
siempre debe estar junto a ti,
no comprenden la plenitud de tu Obra,
no captan la totalidad de su fuerza y de su luz.[87]

O bien:

Cruz santa,
a tus pies me rindo
y te canto un ardiente himno de gratitud
y de júbilo:
¡en ti consumó
nuestro Señor la Redención,
que nos ha hecho hijos de Dios!

---

86 *Hacia el Padre,* 263-6. Las palabras en cursivas de estas citas del *Hacia el Padre* fueron destacadas por el P. Kentenich en esta ocasión (año 1952).

87 Ibid., 314.

Quiero ponerte en la hondura
de mi alegre corazón
y regalarte de continuo
mi amor entero;
quiero fundar
toda mi esperanza de vida
en ti, Señor crucificado,
y en María, tu Compañera.

Manifieste yo *vuestra* presencia a los hombres.
y así para *vosotros* los gane;
concededme que, combatiendo, día a día,
arriesgue la vida por *vosotros,*
para que *vuestro Reino*
en todas partes logre victoria
y ensanche sus confines por todo el universo.

Concededme entregar a los pueblos,
como el signo de redención,
tu cruz, Jesucristo,
y tu imagen, María.
¡Que jamás nadie separe
lo uno de lo otro,
pues en su plan de amor
el Padre los concibió como unidad!

Por siempre permanezca
Schoenstatt como fiel instrumento,
que os *inscriba unidos*
en el corazón de los hombres:
así se destruirá eficazmente
el reino de Satanás,

> y, en el Espíritu Santo,
> se acrecentará la gloria del Padre.[88]

Quien quiera contemplar más de cerca e interpretar las imágenes de Cristo en el *"Hacia el Padre"*, tome el Apocalipsis. Allí las encontrará todas. Las imágenes son seis: el Dios-Rey sumo sacerdote, el Cordero de Dios victorioso, la Palabra omnipotente de Dios, el Juez totalmente justo del mundo, el Plenificador misericordioso del mundo y el Esposo divino que ama con intimidad y dulzura.[89]

Aquel "que está sentado en el trono" (Apoc 5, 1) ha dado a conocer el libro de los destinos del mundo y la Iglesia al "Cordero como inmolado" (Apoc 5, 6). El ha puesto en sus manos la realización de sus planes de sabiduría, de amor y de omnipotencia.

Así se presenta la plenitud de espíritu y de vida que ha sostenido y animado la historia pasada de la Familia. Me permito repetir: así debe permanecer para siempre. Lo que habéis heredado de vuestros mayores, conquistadlo para poseerlo.

De todo lo anterior se desprende que, según la historia –el *"Hacia el Padre"* es, por cierto, vida hecha oración–, la Alianza de Amor con la Santísima Virgen se ha convertido en una multiforme, cálida y fecunda Alianza con Cristo.

5. La Alianza con María conduce hacia Dios Padre

Lo mismo vale con respecto al Padre Celestial. Schoenstatt cultiva una piedad manifiestamente patrocéntrica. Por qué caminos la Mujer configurada por Cristo y configuradora de Cristo

---

88 Ibid., 329-33.
89 En el curso de Ejercicios espirituales *"El sacerdote apocalíptico"*, de 1940, el P. Kentenich desarrolló esas imágenes de Cristo

nos ha mostrado en el Espíritu Santo al Padre, y en qué plenitud, riqueza y profundidad lo ha hecho, es algo que podrá ser tratado en una próxima oportunidad más extensamente.

Basta con señalar aquí los rasgos particulares de nuestra imagen del Padre. Según lo dicho hasta el momento, no sorprenderá si afirmo: esos rasgos son semejantes a los de la gran visión del Padre que da el autor del Apocalipsis en el cuarto capítulo. Lo que allí describe en imágenes se revela en nuestra historia como una apretada síntesis de las propiedades de Aquel "que está sentado en el trono" (Apoc 4,2), de quien brota toda vida en la tierra y en el cielo, y hacia quien todo retorna nuevamente.

El es el Todo-misericordioso, el Todo-santo, el Todo-justo, el Todo-poderoso y Omnisciente: el Señor del cielo y de la tierra.[90] Por esa razón nos sabemos cobijados en su cercanía y en sus manos, podemos abandonarnos a él sin reservas, decir un sí de corazón a sus deseos y hacer nuestros sus planes.[91]

Nuestros santuarios filiales en el extranjero expresan cuán grande ha sido, en el pasado, este fluir de la inteligencia, la voluntad y el corazón hacia Dios. En todos ellos está el "ojo del Padre", cuya mirada no sólo domina el pequeño ámbito del altar, sino también todo el interior del Santuario. Con gran solemnidad fue colocado este símbolo en presencia de todo el Movimiento.[92] Ese solemnísimo acto puede considerarse como el fin de un largo desarrollo, lleno de tensiones y bendiciones, –cuyo relato no cabe aquí– y como el comienzo de una futura etapa mucho más fecunda.

---

90 Cfr. también, para estas imágenes del Apocalipsis, el curso de ejercicios espirituales *"El sacerdote apocalíptico"*.

91 Cfr. *Hacia el Padre,* 404 ss.

92 El primer "ojo del Padre" como símbolo de Dios Padre había sido colocado ya unos años antes en el Santuario de Nueva Helvecia, Uruguay. El texto se refiere probablemente a una celebración en Bellavista, Santiago de Chile.

En todas partes, en los países de ultramar, la representación de la Trinidad anima el ámbito del altar, en estrecha relación con la imagen de nuestra Madre y Reina tres veces Admirable. En este hecho queda simbolizada la actitud universal de nuestra piedad. Esta está en consonancia con la expresión: *Per Mariam ad Jesum, per Christum in Spiritu Sancto ad Patrem.*[93] No quiere ser una piedad sólo mariana, sino también cristomística, patrocéntrica y espiritífera . O si se desea: por ser mariana, es acentuadamente trinitaria.

Así debiera comprenderse por qué en el *"Hacia el Padre"* nos referimos indistintamente, una vez a la Santísima Virgen, otra vez a Cristo, y otra al Padre celestial, como contrayentes de la Alianza. Repito: así como fue, así debe permanecer para siempre. Lo que habéis heredado de vuestros mayores, conquistadlo para poseerlo.

6. La vinculación al Santuario, el "lugar de Schoenstatt"

Así como en la Familia, desde el principio, existe la convicción, abundantemente comprobada con el correr de los años, de que la Alianza de Amor con la Santísima Virgen es expresión, medio y garantía[94] para la Alianza con Dios, así la Familia está igualmente convencida de que su significado y fecundidad serán enriquecidos, si esta Alianza es sellada en forma filial y creyente en el Santuario o, por lo menos, en vinculación espiritual a él.

El mismo sol brilla en todas partes; sin embargo, en determinados lugares, sus rayos ejercen una acción de características peculiares. Piensen, por ejemplo, en los kurorte, balnearios de aguas

---

93 Por María a Jesús, por Cristo, en el Espíritu Santo, al Padre.
94 Acerca de los conceptos "expresión, medio y garantía", cfr. lo dicho en el tomo *"Piedad de Alianza".*

termales. De modo semejante sucede con la acción de la Santísima Virgen. Ella busca, de manera auténticamente humana y maternal, la cercanía al mundo; se escoge lugares predilectos, así como uno, por ejemplo, se reserva en el propio hogar una pieza donde conversar sobre asuntos confidenciales y celebrar fiestas. En determinados lugares, –se los denomina lugares de gracia *per eminentiam*[95], o bien, lugares de peregrinación por la afluencia del pueblo– la Santísima Virgen revela, en forma excepcional, su poder, su sabiduría y su bondad mediante gracias originales y especiales. Ella misma elige el lugar y la eficacia particular de las gracias que regalará allí. Todo esto depende del plan de Dios, de su propia y libre voluntad y del bien de los hombres. Sigue siendo decisión suya dónde, cómo y bajo qué circunstancias ella quiere manifestarse y revelar sus glorias como símbolo de la grandeza de Dios.

Recuérdese cómo, para la curación de Naaman, dependió de Dios el dar poder de sanación a las aguas del Jordán o a otros ríos más importantes.[96] El fue también quien hizo depender la invencible fortaleza de Sansón del crecimiento de su cabello.[97] En nuestro caso sucede de modo semejante. El Acta de Fundación y la experiencia de años demuestran que la Mater Ter Admirabilis distribuye en sus Santuarios gracias de Alianza en una medida especialmente rica y eficaz. El Acta concluye precisamente animando y exhortando a sellar la Alianza en ese santo lugar.[98] Cuán fecundo fue aceptar tal invitación queda de manifiesto –como lo prueba la realidad que veremos más adelante– en la historia entera de la Familia, en particular en la vida

---

95 En forma extraordinaria.
96 Cfr. 2 Rey 5.
97 Cfr. Jue 16.
98 Cfr. *Documentos de Schoenstatt*, p. 67.

98

y obra de algunas personas, ciertamente en primer lugar, la de nuestro José Engling.

El ya iniciado proceso de beatificación de José Engling,[99] así como el muy controvertido Acto de José Engling ponen nuestra atención en las virtudes heroicas de nuestro joven héroe. ¿No es sorprendente que ya, al comienzo de la historia de la Familia, el haya alcanzado una altura religioso-moral que hoy admiramos y que con gusto desearíamos alcanzar, si la gracia nos llevara y sostuviera? Igualmente admirable es que él ya haya captado, en aquel tiempo, las grandes metas del Movimiento, mientras los de su edad no fueron capaces de lograrlo. En la obra *"Erziehungslehre Schoenstatts"* leemos:

> "Con qué claridad captaba Engling, ya en aquel tiempo, las metas últimas del Movimiento, lo demuestra una carta a su grupo, cuando él era militar; en ella se refiere extensamente al Movimiento. Como la carta es muy extensa reproducimos algunos puntos de su contenido:

> Fe en la vocación que Dios ha querido dar a Schoenstatt. - Punto de partida de un Movimiento de renovación. - Movimiento mariano. - Movimiento laical. -Relación entre élite y Movimiento popular. - Cobijamiento en la capillita de gracias. - Movimiento de gracias. - Relación interior entre apostolado y autosantificación. - Espíritu de comunidad."[100]

---

99 Convencida de la santidad de José Engling, la Familia de Schoenstatt se esfuerza por su canonización. El proceso informativo de su beatificación había sido iniciado precisamente en aquel tiempo en Tréveris. Este proceso concluyó, exitosamente, siendo enviadas las actas a Roma en 1964 para los trámites siguientes.

100 Menningen, A., *Die Erziehungslehre Schönstatts, dargestellt am Lebensbilde Josef Englins,* Limburg, 1936, 77.

El autor agrega con razón:

> "Estos son elementos esenciales del Movimiento de Schoenstatt, que recién, una historia posterior de casi veinte años, pondría completamente en evidencia."[101]

Una y otra vez, diversos dirigentes se han admirado de los extraordinarios éxitos de Schoenstatt en un tiempo tan corto. Buscaban una explicación convincente de esta misteriosa atracción y eficacia de Schoenstatt en los más amplios círculos locales y extranjeros. Muchas son las respuestas que se han dado. Todas ellas erraron, o acertaron sólo en cierto sentido. La explicación última está, en primer lugar, en los dos elementos señalados: la Alianza de Amor con la Madre y Reina tres veces Admirable de Schoenstatt y el hecho de que, según el plan y voluntad de Dios, esta alianza es sellada en el lugar de su acción particular: en *su* Santuario. Aquí reside también el fundamento del amor con el que muchas personas se vinculan a este insignificante lugar, al que llaman con fervor su tierra de Schoenstatt, su terruño, donde han podido experimentar profundas vivencias y milagros de transformación, y de la cual cantan con júbilo:

> Yo conozco esa maravillosa tierra:
> es la pradera asoleada con los resplandores del Tabor,
> donde reina nuestra Señora tres veces Admirable
> en la porción de sus hijos escogidos,
> donde retribuye fielmente los dones de amor
> manifestando su gloria
> y regalando una fecundidad ilimitada.
> ¡Es mi terruño, es mi tierra de Schoenstatt![102]

---

101 Ibid.
102 *Hacia el Padre*, 600.

Hacia allá las lleva el anhelo, allí se recogen interiormente con gusto, hacia allá peregrinan frecuentemente. Sus oraciones cotidianas los unen unos con otros en ese lugar de su amor y de su anhelo. Así comprendemos la *"Consagración matutina"* que reza:

> En el Santuario estamos congregados:
> allí nuestros corazones
> arden en amor por la Madre tres veces Admirable,
> que por nosotros quiere construir tu Reino."[103]

Entendemos también por qué nos congregamos allí espiritualmente con todos los hijos de Schoenstatt antes de cada rezo de las horas:

> Tres veces Admirable, benigna y poderosa,
> espiritualmente me postro ante tu imagen
> en unión con todos los consagrados a ti,
> que están dispuestos a morir por tu Reino.[104]

No nos sorprendemos que el *"Oficio de Schoenstatt"* describa simbólicamente en el Santuario todos los lugares predilectos del Señor y de su Madre: Nazaret, Belén, Gólgota y el Cenáculo.[105]

Lo que se ha desarrollado en el Schoenstatt original durante años, se repite en los Santuarios filiales del extranjero en un tiempo relativamente breve. En general despierta gran admiración la rapidez con que estos santuarios se han transformado en el centro de un amplio y profundo movimiento de renovación en países extranjeros, con lengua extranjera y cultura extranjera. Conocemos la respuesta al misterio: sólo quien conoce de-

---

103 Ibid., 4
104 Ibid, 179.
105 Cfr. *Hacia el Padre,* 181,186,191,206,211.

talladamente la historia de Schoenstatt y se remonta hasta su raíz, hasta su fuente originaria, puede dar una explicación clara a acontecimientos tan inusitados.

7. La devoción a María, el "tesoro de Schoenstatt"

Hay todavía un tercer elemento que explica este misterioso desarrollo, actuar y crecimiento de Schoenstatt. Este se da en profunda relación con los otros dos elementos ya nombrados. Los tres se complementan y necesitan mutuamente. Uno no puede existir sin el otro, ni los otros sin el primero. Así lo demuestra la historia de la Familia. Como tercer elemento considero el hecho feliz de que, en la distribución del trabajo que hiciera la sabiduría de Dios en el gobierno y conducción del mundo, correspondiera a Schoenstatt una tarea enormemente grande, valiosa y fecunda. Somos especialmente depositarios del testamento del Señor, *"Ecce mater tua"*[106]. Como a Juan, se nos ha confiado principalmente a la Santísima Virgen, responsabilizarnos por la devoción a ella y la realización de su misión de dar a luz, llevar y servir a Cristo.

Más aún. Nuestra Señora –así lo demuestra el desarrollo de la historia de nuestra Familia– quiere construirse en Schoenstatt y a través de Schoenstatt un memorial de su poder, de su bondad y de su sabiduría que se divise desde lejos, para mostrar al mundo y a la Iglesia la gloria que ella revelará en todas partes, "en la nueva orilla", en los siglos venideros. Se trata de la gloria de la Compañera y Colaboradora permanente y ministerial del Señor en toda su obra de salvación, Espejo de la gloria de Dios y del Hombre-Dios, Co-redentora de la imagen tan amenazada de la Iglesia, del hombre y del mundo.

---

106 "He ahí a tu Madre" (Jn 19, 27).

Puedo agregar que la gran Señora de Schoenstatt ha realizado admirablemente su tarea. La última expresión que pronuncié inmediatamente antes de mi destierro, "clarifica te",[107] es un breve compendio de la historia pasada de Schoenstatt, y el garante más seguro para desenredar los enmarañados nudos de la situación actual.

No debiera constituir una temeridad si me atrevo a decir que en la historia de Schoenstatt se repite la actitud de san Juan frente a nuestra misión mariana. De Juan se dice *"et accepit discipulus ex eo in sua"*[108]. Lo mismo puede afirmarse de Schoenstatt. Así como la Santísima Virgen ha hecho todo para "atraer hacia ella nuestros corazones"[109], así nos hemos esmerado nosotros para regalarle nuestros corazones y para edificar y extender su reino en todas partes, como sus fervientes apóstoles.

La opinión pública, cuya expresión se puede leer en la literatura pertinente, nos extiende, no sin razón, el certificado de haber sido, durante los últimos años, los portadores principales del Movimiento mariano en Alemania.[110] Y los que, con valentía, perseverancia y espíritu de sacrificio, hemos seguido siendo valerosos caballeros de la Santísima Virgen, quienes, "a pesar de la multitud de poderosos enemigos",[111] hemos extendido el servicio de su amor. Esto lo hicimos en todas partes simplemen-

---

107 Glorifícate. Cfr. la plática final de la Semana de Octubre de 1951, el 19 de octubre en la noche, después de la procesión de candelas.

108 "Y desde ese momento el discípulo la recibió en su casa", Jn 19, 27.

109 Cf. Documentos de Schoenstatt, p. 67

110 Cfr. Feckes, C., *Die Ueberwindung der heutigen religiösen Krise durch die theologische Wertung und Betonung der kirchlichen Marienverehrung,* en: Meyer-Neyer (Editores), Gestaltkräfte lebensnaher Seelsorge, Freiburg 1939, 137-165. En la página 145 dice: "Al nuevo florecimiento de la doctrina mariológica ha seguido también un nuevo florecimiento de vida mariana. Bélgica y Holanda marchan a la cabeza de ese movimiento mariano, y en Alemania se han desarrollado poderosos impulsos marianos especialmente en el Movimiento de Schoenstatt.

111 Verso de la oración "Madre tres veces Admirable", *Hacia el Padre,* 627.

te por la Bendita entre las mujeres. Pero en todo lugar donde fue posible, lo hicimos por ella bajo el título de Madre y Reina tres veces Admirable de Schoenstatt. Así fue siempre hasta ahora, así debe seguir siendo para siempre. Aquí se trata de un santo deber del cual nadie puede dispensarse. Lo que habéis recibido de vuestros mayores, conquistadlo para poseerlo.

Abramos nuevamente el *"Hacia el Padre"*. El pequeño libro es un consejero confiable, que no nos falla tan fácilmente. Responde sin maquillajes a todas las preguntas sobre nuestra esencia y nuestra misión. Allí leemos:

> Trinidad Santísima,
> alabanza a ti eternamente,
> alabanzas por todo lo grande
> que realizaste con nosotros,
> porque a Schoenstatt le diste Madre,
> *sumergiéndonos por ella en la hondura de Cristo.*
>
> Te alabamos,
> *porque la vida de María*
> *fue norma para nuestro trabajo cotidiano;*
> *porque en su vida el esplendor solar de Cristo*
> *nos lo hiciste llegar con cercanía tan humana.*
>
> Con júbilo
> recogemos todas las alabanzas
> que arden llameantes en la creación,
> y las traemos a tu altar
> *en Jesús y en María,*
> por los siglos de los siglos. Amén.[112]

---

112 *Hacia el Padre,* 221-3.

O bien:

> Consérvanos hasta el fin de los siglos
> lo que El nos dejara en testamento:
> *la Reina tres veces Admirable,*
> *el tesoro de Schoenstatt,*
> *valle de paz.*
> Mientras lo guardemos fielmente,
> El reunirá en torno nuestro a los mejores.[113]

O bien:

> Con tu bondad inefablemente generosa
> *has regalado a Schoenstatt*
> *la flor más noble de la humanidad;*
> queremos guardarla en el santuario del corazón
> y llevarla hacia el mundo con audacia.[114]

O bien:

> Gracias por todos tus regalos,
> por la abundancia que hemos recibido;
> *gracias porque elegiste a Schoenstatt*
> *y porque allí Cristo nace de nuevo.*
>
> *Gracias porque desde allí quieres irradiar al mundo*
> *las glorias de nuestra Madre,*
> *inundando los corazones fríos*
> *con torrentes de amor.*[115]

Si resumimos los tres elementos presentados, contemplándolos en sí mismos: la *Alianza de Schoenstatt,* el *lugar de Schoenstatt,* y el tesoro de Schoenstatt, y los contemplamos cada uno por separado y en su relación recíproca, si sopesamos su significado,

---

113 Ibid., 114.
114 Ibid., 267.
115 Op. cit., 6-7.

entonces con gusto nos arrodillamos y, con el *"Hacia el Padre"*,
rezamos con toda el alma:

> Mantén el alto el cetro,
> Madre, protege a tu tierra de Schoenstatt;
> eres allí la única reina;
> pon en fuga a todos los enemigos.
>
> Créate allí un paraíso,
> mantén encadenado al Dragón.
> Mujer vestida de sol, surge esplendorosa
> y álzate hacia la altura meridiana.
>
> Desde aquí construye un mundo
> que sea grato al Padre,
> tal como lo imploró Jesús
> con aquella anhelante oración.
>
> Siempre allí reinen amor,
> verdad y justicia,
> y esa unión que no masifica,
> que no conduce al espíritu de esclavo.
>
> Manifiesta tu poder
> en la negra noche de tormenta;
> conozca el mundo tu acción
> y te contemple admirado,
>
> te nombre con amor y se confiese reino tuyo.
> Schoenstatt porte valerosamente
> hasta muy lejos tu bandera
> y someta victorioso a todos los enemigos;
>
> continúe siendo tu lugar predilecto,
> baluarte del espíritu apostólico,

> jefe que conduce a la lucha santa,
> manantial de santidad en la vida diaria;
>
> fuego del fuego de Cristo,
> que llameante esparce centellas luminosas,
> hasta que el mundo, como un mar de llamas,
> se encienda para gloria de la Santísima Trinidad.
> Amén.[116]

Lo que hasta ahora he dicho con frecuencia, quisiera repetirlo una vez más, pero esta vez en voz alta, con el índice alzado y la mirada encendida: así ha sido hasta ahora, así debe permanecer para siempre. Lo que habéis heredado de vuestros mayores, conquistadlo para poseerlo.

Mientras escribo esto, resuenan en mi oído y el corazón unas palabras que dijera el 14 de junio de 1914. Era poco después de la fundación de la Congregación Mariana, en la capilla de la Casa de Estudios:

> "¿Producirá nuestra Congregación realmente un santo? No lo sabemos, pero lo esperamos confiadamente. Una cosa sabemos, no obstante: la generación que haga sucumbir o atrofiarse esta Obra nuestra que ha demandado tantos sacrificios, la Obra de la divina Providencia, cargará sobre sí una grave responsabilidad y la ira de nuestra Madre celestial. ¡Ay de la autoridad que deje llegar a tal estado las cosas! Muy pronto, el justo castigo caerá sobre ella.[117]

---

116 Ibid., 493-500.
117 Kastner, F., *Unter dem Schutze Mariens*, 262, (versión castellana de este traductor).

8. La amenaza actual para la Alianza de Amor

Vivimos una hora decisiva para nuestra familia. Se decide su destino. Sus fundamentos son atacados. En este contexto, no pienso en la organización; ésta no se encuentra especialmente amenazada. Con lo que nos quieran dejar en ese aspecto, –"algo" ha de ser, de todos modos, después de la beatificación de Pallotti–[118] nos podremos arreglar. Si veo bien los acontecimientos, no precisamos temer ni siquiera una sacudida en lo organizativo. Más bien hemos de esperar lo contrario: un desarrollo más rápido y un final enteramente sano. Y si aun no fuese así, por tales cosas no permito que me salgan canas.

Otra cosa es si se dirige el hacha hacia la raíz del árbol. Entonces sí quisiera oponerme como un león que defiende a su cría arriesgando su propia vida. Los tres elementos –Alianza de Schoenstatt, lugar de Schoenstatt, tesoro de Schoenstatt– constituyen la raíz del árbol de Schoenstatt. Y son éstos –no otra cosa, ni algo secundario ni algo exterior y superficial– los que están amenazados. Esto deben saberlo quienes tienen actualmente en sus manos el destino de la Familia. Sobre todo para ellos vale la advertencia y la amenaza de 1914:

> La generación que haga sucumbir o atrofiarse esta Obra nuestra que ha demandado tantos sacrificios –Obra de la divina Providencia– cargará sobre sí una grave responsabilidad y la ira de nuestra Madre celestial. ¡Ay de la autoridad que deje llegar a tal estado las cosas! Muy pronto, el justo castigo caerá sobre ella.

---

118 El 22 de enero de 1950.

En semejante y decisiva hora, la salvación no proviene de equilibristas ni de ciclistas, ni tampoco de gatos con patas de terciopelo. "Cuando ardan las hogueras, será la hora de los varones. Estos maduran sólo en la cruz."

En la vida de los apóstoles hubo momentos en los cuales el Señor los puso ante graves decisiones. No les ahorró ninguna de ellas. La naturaleza quisiera sublevarse, quisiera gemir y murmurar. El permanece firme. No sabe de concesiones. Para él sólo existe un "o esto, o lo otro", y aunque todos lo abandonen. Por ello la recia pregunta: "¿También vosotros queréis iros?" (Jn 6, 67).

La situación me recuerda las primeras jornadas de introducción después de la Primera Guerra Mundial. La conferencia introductoria en el Santuario explicaba sin maquillajes, es decir, sin minimizar o deslavar, en una u otra forma, las tres raíces del árbol de Schoenstatt. No era extraña la reacción, sobre todo entre los universitarios laicos: "Es duro este lenguaje. ¿Quién puede escucharlo?" (Jn 6, 60). De modo semejante acontecía en las primeras jornadas para mujeres. La respuesta a estas reacciones no disimulaba nada; expresaba la profunda sobrenaturalidad de la Obra entera, exigía un sí de corazón, humilde y total, a la fe inquebrantable en la irrupción de fuerzas sobrenaturales en la historia de Schoenstatt. Si no era posible dar ese sí, la Santísima Virgen abría ampliamente la puerta del Santuario e invitaba a abandonar ese santo lugar. Ella sólo quería constructores, obreros y arquitectos profundos y sobrenaturales. A todos los demás, se les debía negar el ingreso a una comunidad que, desde el inicio, se ha enorgullecido por una "solemne proclamación de la vida interior".[119]

---

119 Kastner, F., *Unter dem Schutze Mariens,* 348.

A veces es recomendable hojear los números de años anteriores de la revista *"Mater Ter Admirabilis"*.[120] Yo acabo de hacerlo, con el objeto de buscar un párrafo que está en el mismo tono, estableciendo así la relación con la historia de los comienzos. Sabía todavía exactamente dónde se encontraba; tan significativo me pareció cuando, en su tiempo, lo coloqué como expresión de la actitud de la naciente Familia. El párrafo está al final del primer año, como declaración y confesión en el sentido que aquí lo entendemos. Fue escrito el 6 de agosto de 1916, pero, por su contenido y forma, podría ser de más reciente data:

> El domingo pasado estuve en Schoenstatt. Lamentablemente, todos los estudiantes ya habían volado. Bien sabes tú, por experiencia, qué bien le hace a uno la tranquilidad y solemnidad conventual de Schoenstatt. Lo más hermoso fueron los momentos que pasé en el Santuario delante de la imagen de gracias de la Mater Ter Admirabilis. Aquí se puede experimentar sentir lo mismo que experimentan piadosos peregrinos en los lugares santos de Roma y Palestina. La cercanía de un poder celestial y la magnitud de la debilidad y pecaminosidad humanas. En efecto, nuestra capilla es realmente un lugar de gracias, donde la Madre tres veces Admirable actúa con todo su poder; es un segundo Nazaret, donde Jesús y María viven en una intimidad recíproca. Yo ya no tengo ninguna duda de que Schoenstatt contribuirá a la renovación religiosa de nuestra patria.[121]

---

120 *"Mater Ter Admirabilis, estímulos recíprocos en la lucha por nuestros amenazados ideales en tiempos difíciles"*, era la revista de la Congregación Mariana en Schoenstatt para los miembros en el frente y para la posterior federación apostólica. La revista apareció a partir del 5 de marzo de 1916, cada dos semanas, redactada por el P. Kentenich, primero impresa litográficamente, hasta que, a partir del 25 de febrero de 1917, se imprimió tipográficamente. Los números del primer año fueron reimpresos en 1924.

121 Carta de Wilhelm Witte en: *Mater ter admirabilis I*, 33 (1) (25-3-17), 132 (en la reimpresión del año 1924, p. 97).

Repito: así fue hasta ahora desde el principio, así debe seguir siendo en todo tiempo. Lo que habéis heredado de vuestros mayores, conquistadlo para poseerlo.

Acabo de recibir una breve comunicación proveniente de Schoenstatt que dice:

> Aquí en Schoenstatt tenemos, en este momento, el floreciente mes de mayo. Ayer, nuevamente se realizó aquí una gran peregrinación de Baumbach. En este domingo, la parroquia peregrina todos los años para cumplir una promesa hecha en la época de la guerra. Los peregrinos descendían desde el monte [122] en asombroso orden, con banda de música y banderas eclesiásticas. Todo esto era hermoso y emocionante. La campanita del Santuario tañía compitiendo con las grandes campanas.[123] El primero de mayo fue consagrado el Santuario de la provincia del sur de las Hermanas de María.[124] Había 3.500 personas en la celebración. Así es como, a pesar de todo, en todas partes se sigue avanzando. La Santísima Virgen se ocupa de todo. En horas semejantes me asalta la profunda convicción de que todo esto ha sucedido solamente porque un instrumento fiel, sin el cual nada hubiese surgido, aceptó los planes de Dios. Y este instrumento está ahora en el destierro.

A semejantes dificultades y preocupaciones se responde rápida y concisamente: *con tal que la Santísima Virgen no sea obligada a ir al destierro,* a huir a Egipto. Esta es mi única inquietud. Mi

---

122 Se trata del actual Monte Schoenstatt.

123 En aquel tiempo, en la cantera cerca de la Casa de Ejercicios, estaban las campanas que habían sido donadas por los jóvenes para la futura Iglesia de la Adoración.

124 El Santuario en Liebfrauenhöhe, cerca de Ergenzingen.

persona no importa. Si mi destierro tuviese que ser el precio para que la Madre y Reina tres veces Admirable de Schoenstatt se
establezca para siempre en la tierra paradisíaca, en la tierra maravillosa, en el lugar predilecto, en la pradera asoleada,

> donde reina nuestra Señora tres veces Admirable
> en la porción de sus hijos escogidos,
> donde retribuye fielmente los dones de amor
> manifestando su gloria
> y regalando una fecundidad ilimitada[125],

entonces, con alegría, renuncio a todo tipo de regreso y de vinculación hasta el fin de mi vida. Yo sé que no estoy solo en esta
posición. Muchos están conmigo dispuestos a pagar el mismo
precio, en cuanto sea aceptado. ¡Con tal que la Santísima Virgen no abandone Schoenstatt y que ella no sea abandonada por
sus fieles, por sus hijos predilectos!

Me pregunto si el peligro de desmoronamiento por parte de
sus seguidores no es mayor de lo que parece. Después del regreso desde Dachau, mi mayor preocupación era y es el peligro de
que se diluyan y generalicen nuestras ideas. ¿Qué se decía anteriormente?

> En la casa Wasserburg, alguien parece haber dicho
> que allá abajo anunciarían con demasiada fuerza
> nuestro misterio mariano; que eso es lo que habría
> hecho también el Padre y que, por esa razón, sería
> mos ahora tan mal mirados por los obispos. Otro
> se habría referido a una peregrinación, manifestan
> do su deseo de que, en esa ocasión, se anunciara
> más lo mariano en general y no lo específicamente
> schoenstattiano.[126]

---

125 *Hacia el Padre*, 600.
126 Cfr. p. 18 de este escrito.

112

Este es el mismo espíritu de ese falso universalismo e irenismo que empequeñece, que "trabaja sólo en el espíritu de Schoenstatt", el cual, ya en 1945, soplaba en mi contra y que he combatido hasta ahora, en todas partes, con todos los medios, tanto en mi entorno inmediato cuanto en la lejanía. Se trataba de rescatar a la Familia, de las fauces del abismo, con valiente osadía. La maniobra era permanente y vigorosa. La consecuencia fue la salvación y consolidación de la unidad interior, pero también la situación actual. Esto da a todos una nueva oportunidad de decidirse. Sepa cada uno que le está dirigida la pregunta: ¿También, tú quieres abandonarme?

Al eterno sabelotodo, al eterno manso y tolerante, ya le estaba dirigida la frase final de mi larga Carta de Mayo del año 1948, escrita para el 20 de mayo, en el extranjero, para la celebración de la erección diocesana de las Hermanas de María como *institutum saeculare*. No necesito agregar nada a esas estremecedoras palabras. Como en aquel tiempo, también hoy habrá de tener vigencia el axioma *"nomina sunt odiosa"*.[127] Por eso no se ha dado ni se da nombre alguno. La carta dice:

> Si resumimos una vez más todo lo dicho con las impresiones que ya ha despertado, no nos resulta difícil afirmar la siguiente frase: el 20 de mayo de 1948 quiere entrar en la historia como un gran día de victoria, de confesión de fe y de compromiso.
>
> Los tres puntos de vista se justifican plenamente y quieren despertar en nuestra alma cálidos afectos de alegría y de gratitud, de espíritu de lucha y certeza de victoria. Ellos quieren animarnos a santas decisiones y a una vigorosa perseverancia, hasta que hayamos realizado el gran ideal del hombre nuevo y

---

127 Los nombres son odiosos. Frase tomada de Cicerón, Pro Roscio Amerino, 16, 47.

de la comunidad nueva, de la manera y en el grado previstos para nosotros en los planes misteriosos de la sabiduría y del amor del Dios eterno para bien de la Iglesia.

Esto vale, en primer lugar, para nuestras Hermanas de María. En efecto, ellas están hoy en el centro. Dios las ha bendecido. Seguirá bendiciéndolas si permanecen fieles a la propia idea originaria. Pero también, todos los demás institutos están llamados a celebrar y a renovar su espíritu. Lo que nuestras Hermanas han alcanzado felizmente, algún día les será regalado también a ellos. Si el camino hacia esa meta será corto o largo, no se puede afirmar con precisión.

Las oscuras nubes en el horizonte hacen temer una nueva tempestad. ¿Exigirá Dios primero una nueva prueba en nuevos tiempos de tormenta? De todos modos, corresponde prepararse pertrechándose para ello. Por eso: tocar la trompeta convocando a estrechar filas y a aspirar, con unilateralidad orgánica y tenazmente, a nuestros antiguos y grandes ideales. ¿Y si una nueva guerra lleva a los pueblos del mundo al matadero? Aun así y con razón se mantiene nuestra consigna. El tiempo futuro que se inicia hace hombres tan fuertemente dependientes unos de otros que, seguramente, seremos sus víctimas si unos con otros no unimos nuestros frentes para formar un bloque compacto, impenetrable e invencible. *Ya en tiempos normales, todo universalismo encierra en sí el peligro del nihilismo. ¿Cómo pretendemos superar, en tiempos de una masificación sin parangón, este cáncer que significa la aniquilación de toda vigorosa personalidad?*

Es valioso si, mediante ejercicios espirituales, nos educamos para una intimidad mística y si, mediante cursos de pastoral y de jornadas pedagógicas, tomamos posición y desarrollamos ideas directrices comunes. Para personas maduras, autónomas y que pertenecen a una Familia a la que están estrechamente vinculadas con toda su alma, corresponde *que, en el trato hacia afuera, sean pacientes, bondadosas y pacíficas.* En todas esas direcciones podemos y debemos hacer más que hasta el presente. *Sin embargo, después de todo, eso solo no conduce a la meta. Todo depende de si nuevamente, con la pasión, la alegría en el sacrificio y la disposición al compromiso de antaño, reencontramos el camino hacia nuestra gran visión de futuro, tal como está expresada en "Hacia el Padre".*

Si no lo logramos, podremos esperar la benevolencia de círculos eclesiales con aspiraciones; podremos ser vistos y escuchados con gusto; ser alabados como razonables, abiertos al mundo, amplios y bien dispuestos para la cultura. En el fondo, nosotros y nuestra comunidad nos asemejaremos a un águila que, con las alas quebradas, quiere volar hacia el sol. Nuestros mejores tiempos habrán pasado. El sepulturero está a la puerta. La tumba ya ha sido cavada; pronto tendrá lugar el entierro. Nuestros ideales juveniles habrán sido sueño y espuma, y la Iglesia está de duelo junto al féretro de una comunidad joven que, alguna vez, despertó las más altas esperanzas pero que, en la lucha de la vida, se derrumbó.

Dios nos proteja de este trágico destino. *El despierte en nuestras filas hombres y mujeres que, como los antiguos profetas, cual ráfaga tormentosa pasan barrien-*

> *do las hojas marchitas de un árbol quebradizo; llaman una y otra vez a la lucha y se ponen a sí mismos y a los demás exigencias muy altas.* Si, llenos de confianza, hemos pronunciado nuestro *"Mater perfectam habebit curam"* [128], esto vale también para estas épocas de decadencia y mediocridad. Rezamos y ofrecemos sacrificios para que la Santísima Virgen encuentre siempre instrumentos con los que pueda trabajar y conducir, como ella quiere, de tal modo que siempre pueda repetir triunfalmente y hasta el fin de los tiempos, las palabras: *"Veni, vidi, vici.* [129]

¡Qué exigentes y sentenciosas suenan, en el contexto de esta atmósfera, las palabras: lo que habéis heredado de vuestros mayores conquistadlo para poseerlo!

Al final de la Primera Guerra Mundial lancé la consigna: "despertad y llamaos unos a otros". [130] Investigue usted cuántos de las filas de nuestros sacerdotes diocesanos de Schoenstatt han anunciado, hasta ahora, auténticamente a Schoenstatt.

Fácil es dar primero el golpe de gracia a una Obra mediante una condenable condescendencia, mediocridad y "prudencia", para luego, en el solemne entierro y con ocasión de la bendición del cadáver, pronunciar un par de palabras sentidas y bondadosas. O, con palabras mesuradas, dar consejos sobre cómo prolongar lo más posible la agonía y llevar una aparente existencia, para no sentirse incómodos ni ante la propia conciencia ni ante los bandos enfrentados, entre los cuales se ha caído involuntariamente. Debemos defendernos de semejantes actitudes. Aho-

---

128 La Madre cuidará perfectamente.

129 *Carta de Nueva Helvecia* del 6 de mayo de 1948. La frase citada al final es de César, acerca de la batalla en Zela, en el año 47 a.C.: Vine, vi y vencí.

130 Carta circular del 6 de noviembre de 1919, reproducida en: *Mater Ter Admirablis,* 18 (1932), 366, 369.

ra ha llegado el tiempo en que se puede decir: "Quien no está conmigo, está contra mí. Quien no recoge conmigo, desparrama." (Mt 12, 30)

Si tomamos en serio las preguntas planteadas, sabemos por qué lo hacemos. Para todos nosotros ha llegado la hora de la decisión. Para todos tienen vigencia, por lo menos en cierta medida, aquellas palabras que podemos poner en labios de la Santísima Virgen: "¡Ojalá fueses frío o caliente! Por eso, porque eres tibio, te vomitaré de mi boca." (Apoc 3, 15s). Cada uno en su lugar, debe revisar una vez más su actitud y valientemente tomar una posición.

(......)

En nuestro contexto nos interesa otra pregunta: se ha considerado que X sería de la idea de que nosotros todos, los schoenstattianos, debiésemos trabajar para el movimiento de Fátima; que la misión de Schoenstatt consistiría simplemente en poner su metodología a disposición de Fátima. Quiero pensar que estoy muy mal informado. Sin embargo, suponiendo que esto fuese tal como se afirma, entonces se habría quitado a Schoenstatt su esencia y su raíz, se habrían despojado sus hombros de su ropaje marcadamente sobrenatural, se le habrían arrebatado sus fuerzas divinas y se le habría impreso el carácter de un movimiento meramente metodológico. Ciertamente no se podría haber emitido otro juicio más falso y erróneo, superficial y deformado sobre Schoenstatt; no se podría falsear más su historia, ni traicionar más su propia y autónoma misión; ni desvalorizar más su original Alianza de Amor, ni destronar más a su Madre y Reina, ni borrar ni desvirtuar más las glorias que ella quiere irradiar al mundo desde el Santuario. Ciertamente, no fue por un mero método —aunque fuese, quién sabe cuán inteligente, manifiesto y prometedor de éxito– que nuestros congregantes héroes hicieron la ofrenda de su vida, que nuestra "compañía de la muerte" se lanzó a la batalla, que Franz Reinisch entregó su cabeza. Tampoco fue por un mero método que José Engling rezó:

> Querida madrecita, Mater Ter Admirabilis, me ofrezco a ti nuevamente como ofrenda. Te ofrezco todo lo que soy y lo que tengo, mi cuerpo y mi alma con todas sus facultades, todas mis posesiones y bienes, mi libertad y mi voluntad. Quiero pertenecer totalmente a ti. Tuyo soy. Dispón totalmente sobre mí y sobre lo mío como te agrade. Sin embargo, si puede conjugarse con tus planes, permíteme ser una ofrenda para las tareas que le has puesto a nuestra Familia. Con humildad, tu indigno servidor, José Engling.[131]

Por una metodología no vale la pena exponerse a grandes peligros, sufrir y hacer sufrir a otros indescriptiblemente, y llevar a confusión a los más amplios círculos, como está sucediendo actualmente. Podríamos hacerlo más fácil y pasarlo mejor. Si sólo tuviésemos un método para vender y anunciar, desde hace décadas habríamos sido utopistas y caminado en las nubes, empezando por los primeros de todos los círculos, que vivían según el lema: "nos dejamos crucificar por la federación (Schoenstatt); la federación (Schoenstatt) soy yo"[132], hasta llegar a los hombres y mujeres que, por todo ese mundo, derramaron alegremente su sangre. Por cierto que tenemos también un método, al igual que una organización. Pero ello no es lo principal. Lo principal tiene un cariz esencialmente distinto. Usted ve, por lo tan-

---

131 Cfr. p. 38

132 Giros con los cuales los primeros miembros de la Federación apostólica expresaban su identificación con Schoenstatt.

to, que debemos estar alerta. Por eso, una vez más: "¡Despertad y llamaos unos a otros!" Si se ha atribuido injustamente a X los conceptos mencionados –como quiero suponerlo–, entonces, de algún modo y en algún lugar, han de estar flotando en el ambiente. De otro modo no podrían transmitirse a otros. De la nada no surge nada. De cualquier forma, es una postura muy unilateralmente natural –por no decir naturalista– que debemos combatir por todos los medios.

Esto lo exigen los éxitos que hemos conquistado a lo largo de los años, y las luchas que hemos podido librar victoriosamente. En ambos casos, todo lo que somos y tenemos lo debemos a la incomparable fidelidad a la Alianza de nuestra Madre y Reina tres veces Admirable. Según el Acta de fundación, en el acto de Alianza, ella prometió revelar sus glorias en la Familia y a través de la Familia, desde *aquí:* desde *su Santuario,* desde *su Tabor.* Ella prometió establecerse y distribuir con abundancia dones y gracias *entre nosotros,* es decir, *aquí;* atraer desde aquí los corazones jóvenes y educarlos como instrumentos aptos en sus manos[133], vale decir, en las manos de la Madre y Reina tres veces Admirable de Schoenstatt; ella quiere cuidar de que todos los que acudan *aquí* para orar, experimenten sus glorias y confiesen: ¡Qué bien estamos *aquí!* ¡Establezcamos *aquí* nuestras tiendas! *¡Este* ha de ser nuestro rincón predilecto![134] Ella está interesada en que "esta capilla de nuestra congregación" se transforme en "cuna de santidad"[135], como lo fue para "San Luis Gonzaga la capilla de la Santísima Virgen en Florencia" y que todos reciban de *ella aquí* tarea, equipamiento y armas de defensa, como en otro lugar y en su época lo recibiera Juana de Arco.[136] Todas

---

133 Cfr. *Documentos de Schoenstatt,* p.66.
134 Cfr. Ibid, p. 62, n. 7.
135 Cfr. Ibid, p. 63, n. 8.
136 Cfr. Ibid, p. 64, n. 9

estas promesas, importantes e inequívocamente claras, se han hecho realidad por la Virgo *fidelis*.[137], en el sentido más pleno de la palabra. Lo demuestran cada etapa y cada acontecimiento particular de la historia de nuestra Familia, con sus muchos pormenores.

El 22 de mayo, en el nuevo Schoenstatt, Chile, nos sorprendió la visita del Nuncio Apostólico, con su secretario. Ambos visitaban nuestro Santuario. Ellos observaron el entorno y la atmósfera silenciosamente. Además de las Hermanas y los Padres, una cantidad de universitarios peregrinaban allí como era frecuente. Sin un especial motivo externo, el secretario, quien estaba informado de la vida que brota allí y que se irradia hacia afuera, de improviso, afirmó textualmente: "hasta hace poco vosotros no teníais significación ninguna, pero ahora os estáis transformando en una potencia en Chile." ¿No tiene vigencia esta expresión también para Alemania? ¿No tiene vigencia para Brasil? No tardará mucho hasta que se pueda decir lo mismo de Argentina, de Australia. ¿No recuerda acaso la admirable transformación de nuestro pequeño Santuario en sus dos etapas, antes de 1914 y después de 1914? Habiendo sido antes utilizado como una bodega,[138] desde entonces, es el centro de un creciente movimiento de renovación del mundo, un lugar de gracias.

Schoenstatt con su Santuario es considerado, por muchísimas personas, como una realidad cargada de significado; como símbolo, como programa, como misión, como un misterioso poder. ¿Y a quién debemos agradecer todo esto? ¿Quién realizó el milagro de transformación? Verdaderamente no ha sido ni

---

137 "Virgen fiel", expresión tomada de las letanías lauretanas.

138 Desde 1912 hasta el verano europeo de 1914, la antigua capillita de San Miguel junto a la antigua Casa en Schoenstatt sirvió, durante algún tiempo, como depósito para herramientas de jardín. Desde 1901, se había celebrado allí ocasionalmente la Santa Misa.

un método artificioso ni, menos aún, una organización magistralmente planificada, sino la *Madre y Reina tres veces Admirable de Schoenstatt;* o, más exactamente, *su Alianza de Amor* con un insignificante terruño y con todos aquellos que allí se regalan a ella, poniéndose sin reservas como instrumentos a su disposición. Por lo tanto, debemos afirmar: se trata de la *Alianza de Amor en y con Schoenstatt,* y no en y con Fátima o Lourdes, o en y con una réplica de Fátima o Lourdes. Con ello no se ha dicho nada en contra de Lourdes ni en contra de Fátima. Se trata de lugares de gracias que se han desarrollado según sus propias leyes. Que lo sigan haciendo del mismo modo.

Quítele a un árbol fecundo, de extenso ramaje, su raíz: pronto morirá, reducido sólo a madera seca y marchita. Así sucede también con Schoenstatt, cuando se lo reduce a un mero método u organización, cuando se le quita la relación viva con *su raíz* enormemente fecunda. Si la Familia se asemeja a un poderoso torrente, sólo se necesitará separarla de *su* fuente, para que su cauce quede seco. En ese lugar, generaciones posteriores podrán contar y escuchar el relato de una fabulosa vida de antaño, de una vida que una vez surgió allí maravillosamente y que repercutió fecundamente en muy vastos círculos. Entonces, cuando comparen el pasado y el presente, maldecirán a quienes dejaron que se secara la fuente y se muriera la raíz. Para nosotros, esto significa que, en este instante, tenemos el destino de Schoenstatt en las manos: ¡Ay de aquél que niega la sangre a su espada!

De espada, lucha y guerra están llenas las Actas de fundación: la primera, la segunda y la tercera.[139] Así corresponde al certificado de bautismo de un hijo de la guerra, en cuya vida resuenan los golpes de espadas y las fanfarrias de guerra, los gritos

---

139 Cfr. los textos en *Documentos de Schoenstatt.*

de lucha y lluvia de balas, de bombas y granadas. La gracia que implorara san Ignacio para su séquito de que, a través de los siglos, nunca careciese de luchas y persecuciones[140], la ha regalado sin más a su regimiento de guardia de *corps,* la gran Capitana, la "Vencedora en todas las batallas"[141], desde el comienzo, como expresión de su particular amor, para perpetuarla, si permanecemos fieles a ella y a su palacio real, el Santuario, suyo y nuestro.

Fue necesario tener suficientes luchas en los años pasados. Fueron de aquellas que amenazaban nuestra existencia *cristiana,* y de las que amenazaban nuestra existencia *schoenstattiana.* La magia que nos hiciera inmunes a las balas y que venciera en todas las batallas, el arma que nunca falló, fue la vocación y la vida surgida de nuestra Alianza de Amor, en el triple sentido antes mencionado. Esta dichosa realidad es la que describe y canta la última estrofa del "Cántico del terruño", compuesto en las horas más oscuras del campo de concentración de Dachau. En primer lugar, tiene un canon de lucha y de victoria, una suerte de dogma de la Familia:

> ¿Conoces aquella tierra preparada para el combate,
> acostumbrada a vencer en todas las batallas...

Después, describe el bagaje moral de los soldados y oficiales que luchan. Se trata de una marcada conciencia de instrumento o de Alianza, y de valiente fidelidad a esa Alianza:

> donde Dios se desposa con los débiles
> y los escoge por instrumentos;
> donde, no fiándose de las propias fuerzas,

---

140 Cfr. Kolb, V., *Das Leben des hl. Ignatius von Loyola,* Freiburg, 1931, 118s.
141 Pio XII, el 31 de octubre de 1942. Cfr. en: Graber, R., *Die marianischen Weltrundschreiben der Päpste in den letzten hundert Jahren,* Würzburg, 1954, n. 168.

> todos confían heroicamente en él
> y están dispuestos a entregar por amor,
> con júbilo, la sangre y la vida?

Por fin, se menciona el arma que obtiene siempre la victoria: la fidelidad a la Alianza de Nuestra Señora de Schoenstatt y *en* Schoenstatt:

> Yo conozco esa maravillosa tierra:
> es la pradera asoleada con los resplandores del Tabor,
> donde reina nuestra Señora tres veces Admirable
> en la porción de sus hijos escogidos,
> donde retribuye fielmente los dones de amor
> manifestando su gloria
> y regalando una fecundidad ilimitada.
> ¡Es mi terruño, es mi tierra de Schoenstatt!"[142]

---

142 *Hacia el Padre*, 605. Escrito el 2 de febrero de 1943, en Dachau.

La Alianza de Amor en relación con la fe práctica en la Providencia

1. La amenaza a la existencia cristiana

Hablamos de amenaza a la existencia cristiana. Con esa expresión pensamos en el intrincado ovillo de cosas incomprensibles del actual acontecer mundial, que amenaza en todas partes la raíz de la existencia cristiana, la fe, en la forma concreta de fe práctica en la Providencia. Por esta razón, la Carta de Octubre de 1949 habla de la "desconcertante fragilidad interior ante el aparente sinsentido e incomprensión del acontecer del tiempo, que se acumulan como una montaña."[143] La Carta constata lo siguiente:

> Todo el mundo siente que el carro de la historia, que ha comenzado a tambalearse críticamente, se encuentra ante una curva peligrosa.[144] Nadie sabe a ciencia cierta qué lo acecha más adelante: ¿se tratará de un abismo de fauces abiertas que vomita muerte y perdición, o de una empinada montaña, desde cuya cumbre hay señales de la magnificencia del paraíso o de una pradera plácida y fecunda? ¿Quién se atreve a desatar el nudo de esta situación tan signi-

---

143 *Oktoberbrief 1949 an die Schönstattfamilie*, 16. Traducción de este trabajo.
144 Cfr. Schütz, A., *Gott in der Geschichte*, 5.

ficativa para la vida y el destino del individuo y la sociedad?

Los mejores de todas las naciones presienten que nos encontramos ante un cambio histórico de dimensiones insospechadas; que ahora se echan los dados que deciden la suerte del mundo para los próximos cuatro o cinco siglos; ellos perciben que todos, sin excepción, están llamados a colaborar creadoramente en la nueva imagen del mundo –si bien no como arquitectos o constructores, entonces como peones.[145] Por eso, en todas partes, se pregunta y se investiga el por qué y dónde lograr claridad acerca del para qué, del hacia dónde y del cómo. Isaías no conoce castigo mayor para los pueblos que el hecho de que éstos sean gobernados por niños insensatos.[146] Hoy pareciera, así lo piensan muchos, como si el Señor del universo, desde su soberana tranquilidad y seguridad de gobierno, hubiese caído en la impotencia y el desvalimiento, y como si, al igual que el conductor de un carruaje que ha perdido las riendas, hubiese dejado a la creación y a la historia abandonadas a sí mismas o a la arbitrariedad de hombres degenerados, con un diabólico salvajismo. ¿Cómo explicarse , se dice, el sinsentido de crueldades que claman al cielo y la terrible tragedia del destino de innumerables hombres y pueblos? Otros interpretan las tremendas catástrofes de la actualidad como inusitados dolores de parto. Ellos también se sitúan ante estos enigmas.[147]

---

145 Cfr. ibidem.
146 Is 3,4; cfr. Schütz, op. cit., 57.
147 *Oktoberbrief 194 9 an die Schönstattfamilie,* 16s. Traducción de este trabajo.

También nosotros somos hijos de nuestro tiempo. También nosotros sufrimos todas estas realidades incomprensibles. En efecto, no somos sólo espectadores ni comparsas sino coprotagonistas, no raras veces con un papel principal, del gran drama, de la terrible tragedia mundial que se presenta hoy en el teatro del mundo.

2. La respuesta de la Alianza de Amor a esa amenaza

Si la raíz de nuestra existencia cristiana no ha sido afectada por todo esto, sino, por el contrario, se ha fortalecido y hecho resistente, se lo debemos a nuestra Alianza de Amor. El fundamento es doble: ella se basa en la fe práctica en la Providencia y tiene como finalidad la irrupción de lo divino en medio del caos de la vida actual.

Muchos cristianos ciertamente conocen en forma teórica acerca de ambas cosas: el arte, el valor de la fe práctica en la Providencia y la irrupción de lo divino en lo humano, la irrupción del mundo del más allá en el del más acá. También están muy dispuestos a reconocer ambos elementos como fuerzas fundamentales en la historia de los siglos pasados; pero el hoy, el aquí y ahora, no quieren integrarse positivamente en ese marco.

Este es el punto en el cual se inserta nuestra Alianza de Amor, y desde el cual, con simple naturalidad ejerce su eficacia maravillosa y vencedora del tiempo. Como sabemos, esta alianza es un acontecimiento histórico que no es obligación universal de fe: la Alianza de la Santísima Virgen con Schoenstatt. Su existencia y su contenido sólo pueden explicarse con la ayuda de la fe práctica en la Providencia; y esta fe se apoya en la interpretación de las disposiciones y de la conducción de Dios en la vida personal, en la historia de la Familia y del mundo. En sentido paulino[148], nosotros decimos: la "ley de la puerta abierta". Aquí no se trata, pues, en modo alguno, de una alianza de amor anónima, ni tampoco de una teoría abstracta, sino de una forma concreta, desarrollada históricamente, que sólo puede ser captada, aceptada, realizada y renovada a la luz de la fe en la Providencia.

Anteriormente[149], hemos advertido que la "ley de la resultante creadora" tiene la finalidad de proporcionar criterios confiables para corregir nuestra interpretación del plan divino. También nos hemos esmerado en dar la prueba correspondiente. El resultado ha sido y es la feliz convicción de que hemos captado perfectamente bien que Schoenstatt no es una obra meramente humana, sino que es obra de un plan divino de nítida claridad. Quien se tome el tiempo de repetir la insinuada operación mental y, desde ella, trace líneas a través de la rica historia de la Familia hasta el día de hoy, pronto comprenderá que la fe práctica en la Providencia ha estado presente en la Familia desde el comienzo y, con el correr de los años. Se dará cuenta que se ha perfeccionado en un grado tal como sentido perceptivo sobrenatural, como seguridad instintiva "divina", como sentido de fe orientado y alimentado por el más allá, como una fina capacidad de introducirse afectivamente en realidades supra sensoriales, sobrenaturales. De este modo, el teólogo dogmático sentirá el derecho a constatar aquí un *habitus fidei*[150] que ha alcanzado un alto nivel de perfección, por los dones del Espíritu Santo, especialmente por los dones de Ciencia, de Consejo y de Sabiduría.

---

148 Cfr. 1 Cor 16, 9; 2 Cor 2, 12.
149 Cfr. p. 63
150 Capacidad y disposición sobrenatural para la fe.

Por lo tanto, debiera resultar comprensible con qué derecho vive en la Familia la convicción creyente de que Dios le ha regalado, no en pequeño, el carisma de la fe práctica en la Providencia. Y, con él, en términos meramente naturales, una particular e inexplicable seguridad para captar e interpretar, realizar y transmitir los deseos divinos. Y que Dios le ha confiado el anuncio de esa fe como mensaje especial al mundo actual y le ha ofrecido, como consecuencia de esa fe, el cobijamiento interior en el corazón de Dios como una gracia particular de peregrinación. Por eso, el *"Hacia el Padre"* nos enseña a rezar diariamente en la hora de Vísperas:

> También así quieres actuar en nuestro Santuario
> fortaleciendo la fe
> de nuestros débiles ojos,
> para que contemplemos la vida
> con la mirada de Dios
> y caminemos siempre bajo la luz del cielo.
>
> Haz que esa luz me ilumine,
> y mire con fe
> cómo el amor del Padre
> me acompañó en este día.
> Fidelidad a la misión
> sea mi agradecimiento por sus innumerables
> dones.[151]

El arte de mirar la vida desde la perspectiva de Dios y de andar siempre bajo la luz del cielo caracteriza, sin embargo, sólo a hombres de permanente oración y sacrificio. De esto dan testimonio las horas Sexta y Nona. La Sexta dice:

---

151 *Hacia el Padre,* 213 - 214.

> Así quieres formar en tu Santuario
> una legión de hombres que recen
> en los desiertos del mundo,
> quieres conducirnos
>
> a las supremas alturas del amor
> para que en la lucha te seamos fieles.
>
> Incúlcame más y más el espíritu de oración;
> alza continuamente mi corazón
> hacia las estrellas del cielo;
> haz que en todo momento
> mire al Sol de Cristo
> y que en El confíe en cada circunstancia de la vida.[152]

La Nona complementa:

> En el Santuario quieres formar almas
> que siempre
> vivan sacerdotalmente,
> que estén como diáconos al pie de la cruz
> y recorran con Cristo vías dolorosas.
> Según leyes de redención
> siempre valederas
> y como la Inscriptio lo pide,
> haz que, con mi vida de sacrificio,
> complete lo que falta
> a la cruz y al dolor de Cristo.[153]

Un generoso espíritu de oración y de sacrificio presupone un desarrollo en alto grado de las tres virtudes teologales. Por ello la súplica:

---

152 Ibid, 203 - 205.
153 *Hacia el Padre*, 208 - 209.

En tu vida, Madre, vemos fluir
el ardor de la fe,
de la esperanza
y la caridad.
Haz que el resplandor de esta triple estrella
penetre la noche oscura de nuestra vida.
Con tu Hijo implora al Padre
que sólo Dios
reine en el trono de nuestro corazón.[154]

3. Heroísmo de la fe en la Providencia

La sabiduría del Padre ha utilizado la oscuridad del tiempo de persecución para conducir la Familia a la cima de las tres virtudes teologales. Esto está ampliamente documentado en las "Cartas del Carmelo y de Dachau".[155]

Allí dice, por ejemplo:

> Sí, estamos rodeados de cosas *incomprensibles.* Esto fue siempre así. Algo de ello habíamos también sospechado y comprendido, pero solamente muy poco. Creíamos, es verdad, pero nuestra fe no era suficientemente viva y profunda. *Recién ahora crece todo hacia la inmensidad.* Así debe suceder, por cierto, si la Inscriptio no es una palabrería. *El heroísmo de la entrega despierta el heroísmo de la fe, el cual, sin embargo, debe estar ya presente in unce.*[156] *Allí reside el significado pedagógico de la situación actual para nuestras Hermanas.* Su destino está anudado desde el comienzo con el mío; por eso todo el mundo sobre-

---

154 Ibid, 340.
155 Cartas del P. Kentenich desde la prisión de la Gestapo en Coblenza, en la Karmeliterstraße, y desde el campo de concentración de Dachau, las cuales fueran enviadas en su mayoría por caminos ilegales.
156 En su esencia.

natural y natural ahora adquiere para ellas una forma tan evidente en relación conmigo. *Esta es la razón por la cual considero prudente, y querido por Dios, cultivar en ellas, junto al heroísmo de la entrega, también el heroísmo de la fe y de la confianza. Sin embargo, esto es una pieza magistral. Si la fe y la confianza se sueltan de la entrega, producen intranquilidad.* La armonía entre las tres crea imágenes de María. *"Beata, quia credidisti.*[157]

Allí está la raíz de su grandeza. Cuanto más creyente y sobrenaturalmente asumimos las cosas inexplicables, tanto más nos volvemos verdaderamente cristianos. Piense en *"Sponsa-Gedanken",*[158] en lo que dice al respecto.[159]

O bien

No puedo librarme de la preocupación de que nuestras Hermanas se cansen debido a los desengaños. Por eso será bueno que hable usted... acerca de la situación y que indique caminos no sólo para desterrar una inquietud no santa, sino para crecer más profundamente e*n las tres virtudes teologales.*

Explique usted lo siguiente: Primero, por qué yo mismo tengo gran serenidad, pero también certeza, a diferencia de antes, y libertad; segundo, las condiciones que deben cumplirse para ello: a) vida a partir de la Inscriptio, b) especial heroísmo de las tres

---

157 Feliz, porque has creído (Lc 1, 45).

158 *Sponsa-Gedanken* (Pensamientos acerca de la Esposa), o bien *Nova Creatura in Jesu et Maria (Nueva creatura en Jesús y María)* es un trabajo que escribiera el P. Kentenich a comienzos de enero de 1942 en la prisión de Coblenza, "en medio de condiciones muy primitivas, sin dónde apoyarse", en hojas de taco. Este trabajo estaba pensado para los ejercicios espirituales del curso de noviciado de las Hermanas de María de aquel entonces.

159 Carta del 13 de febrero de 1942, al P. Menningen.

virtudes teologales; c) que lo principal no es la libertad ni la fecundidad, sino Dios, Dios, Dios.

Todo esto no nos es un impedimento. Por el contrario: justamente por esto[160] estamos dispuestos a una eterna prisión, si ello alegra a Dios. Mi liberación es tan difícil porque significa tanto como un privilegio para toda la Familia. Pronto, el día miércoles, nuevamente tendrá lugar una festividad mariana. Entonces, una vez más, serenidad, serenidad ... Y *heroísmo de las virtudes teologales.*[161]

O bien:

Me importa que todos nosotros, a través de las circunstancias, crezcamos muy profundamente *en el mundo sobrenatural.* Por eso estoy siempre al acecho, para que el demonio, de ningún modo, pueda entrar en la Familia: ni por un agujero ni por una rendija. De ahí que yo entre inmediatamente en el campo de batalla, cuando se levanta, aunque sólo sea a lo lejos, una pequeña nube de peligro. ¿Está usted ahora conforme?[162]

O bien:

Si no comunicó usted aún públicamente la condición para mi libertad, hágalo, entonces, por favor, sin muchos preámbulos. Yo he entendido la situación tal como usted lo escribe. No he notado ni supuesto todavía una intranquilidad *real,* sino sólo el *peligro.* Por eso mi preocupación de que nadie me baje de la ya *escalada altura de lo sobrenatural.*

---

160 Porque Dios lo es todo (aclaración del P. Kentenich).
161 Extracto de una carta privada a una Hermana de María, que fuera incorporada a la colección de *Cartas del Carmelo* y de Dachau.
162 Como en nota 161.

N.N. tendrá a bien leer a usted y a su círculo[163] lo que le he comunicado ayer. También ahora debo pedir a las educadoras que aprovechen toda oportunidad para que nuestras Hermanas lleguen a ser *totalmente sobrenaturales, es decir, maestras de las tres virtudes teologales.* Tal vez no tengamos tan pronto otra situación propicia similar. Continúe ocupándose, pues, de que todo en la Familia crezca hacia arriba, tal como está en el Cántico de gratitud:

Aquello que era terreno en el pensar
o demasiado humano en la entrega,
quiso Dios orientarlo hacia las alturas
y sumergirlo enteramente en su corazón."[164]

O bien:

Usted me ha comprendido bien. Eduque, entonces, a nuestras superioras de tal modo que ellas naden apropiadamente *en la realidad sobrenatural, en las tres virtudes teologales,* en el sentido de nuestra Familia. ¿Sospechará usted cuán alegre, agradecido y feliz me siento por todo lo que actualmente madura en el alma de nuestras Hermanas? Entonces comprenderá también que no me resulta fácil abandonar mi celda o no ir a Dachau. Esta ha sido y es siempre mi única meta: regalarlas totalmente a Dios y a la Santísima Virgen. Nunca hasta ahora había sucedido esto tan eficazmente como desde setiembre.[165] ¡Cuánto habrá crecido en el corazón la gracia que ha

---

163 El círculo dirigente de las Hermanas de María.

164 Cfr. nota 161. La estrofa citada es del *Cántico de gratitud,* compuesto por el P. Kentenich antes del 2 de febrero de 1942. Hacia el Padre, 615.

165 Desde la detención del P. Kentenich, el 20 de septiembre de 1941.

> realizado y sigue realizando permanentemente cosas tan grandes![166]

O bien:

> Ahora tenemos la ocasión propicia para arriesgarnos a dar, *con actitud heroica, el salto hacia lo sobrenatural.* Colabore usted en conducir la Familia a esa altura. A través de ello, usted misma gana más que nadie. Considero un acto y una prueba de confianza enormemente grandes, que la Santísima Trinidad y la Santísima Virgen no atiendan tan rápido nuestros pedidos. Ellos nos saben capaces. No sería así, si antes no hubiesen fundado firmemente *el edificio sobrenatural de nuestra vida de virtudes.* Por eso hay que considerar siempre lo siguiente: primero, tomar en serio la vida a partir de la Inscriptio. Segundo, una y otra vez, confianza contra toda confianza, fe contra toda fe, y así sucesivamente.
>
> Mucho es lo que está en juego. Por supuesto, en el fondo está, con soberana majestad, el pensamiento: Todo, también la libertad, solamente si Dios lo quiere y en la medida en que él lo quiera. "Hágase tu voluntad en la tierra como en el cielo" (Mt 6, 10). Yo sigo rezando y haciendo sacrificios por usted.[167]

Lo que antes hemos dicho acerca de la fe en la Providencia y su plenitud a través de los dones del Espíritu Santo en nuestra Familia, se puede expresar también de modo más sencillo. Aquí y allá se afirma, no sin razón, que esta fe en la Providencia se ha hecho tan fuertemente nuestra carne y sangre que, en nuestro caso, se puede hablar simplemente de una manifiesta cosmovi-

---

166 Como nota 161.
167 Como en nota 161.

sión, que está en condiciones de soportar con facilidad las extraordinarias pruebas del tiempo actual.

En el mismo sentido, la "Carta de Octubre" de 1949 advierte sobre "la señal y el deseo de Dios que él mismo, indicándonos el camino, nos manifiesta en la estructura del ser de los hombres y de las cosas; igualmente a través de circunstancias públicas y privadas que se anudan y desatan y que él quiere ver transformadas en calendario y horario principal del vivir y actuar."[168] La carta, después de esta luminosa explicación, da un breve resumen histórico:

> En 1914 nos iluminaba solamente una pequeña franja de luz, comparable a una aurora que, muy a lo lejos, se desprende lentamente de la oscuridad. En efecto, sólo podíamos volver la mirada a dos años de historia de la Familia, y hacer sólo tímidos intentos de interpretación. Por eso se explica también el tanteo cuidadoso que invade el Acta de Fundación. Ella dice: "Quien conoce el pasado de nuestra Congregación no tendrá dificultades en creer que la divina Providencia tiene designios especiales respecto a ella.[169]
>
> *En lo sucesivo, Dios habló en forma más clara a través de las circunstancias.* Año a año ascendió su luz más y más alto. Su rostro brilló más claro y luminoso en la historia de la Familia y de la época. Los acontecimientos en Schoenstatt y en torno suyo se fueron perfilando más y más en forma independiente y autónoma en el marco de la oscuridad del tiempo, y facilitaron una interpretación providencialista. La voz de Dios llegó de manera más compren-

---

168 *Oktoberbrief 1949 an die Schönstattfamilia*, 13.
169 *Documentos de Schoenstatt*, 62, n. 7.

sible a nuestro oído, que estaba a la escucha y en constante formación. Esa voz exigió en forma creciente mayores riesgos, los cuales asumieron en los pasados tiempos de guerra un rostro y un peso nada cotidianos.

Esa voz habló siempre suavemente y como desde una gran lejanía. Nunca se nos apareció, como en los tiempos del rey Baltasar en Nínive, una mano que dibujase misteriosos signos en la pared, revelándonos así completamente el futuro. Dios nunca nos habló por un repentino reverdecer y florecer de un cayado seco, como lo hiciera en otro tiempo con la vara de Aarón. Nunca tuvimos visiones, como Cornelio y Pedro,[170] ni sueños, a través de los cuales él nos hablara como a Don Bosco. Sin embargo, año tras año, nos fuimos arriesgando a pronunciar más confiadamente las palabras del mago egipcio: *Hic est digitus Dei.*[171] Dios es quien, a través de los signos de los tiempos, nos descubre su rostro y nos habla.

Lo que faltaba de claridad inmediata en sus palabras *exigía un salto mortal para la inteligencia, la voluntad y el corazón.* Con audacia lo dimos. Lo hicimos en todas las etapas de la historia. Cada conducción a una mayor altura, cada ascensión hacia lo alto, cada caminata por cumbres peligrosas, exigía ese alto precio.

Así creció en nosotros una marcada conciencia histórica, es decir, la convicción, que surge de una profunda interpretación providencialista de la historia, de que Schoenstatt tiene una misión creadora de historia para

---

170 Cfr. Schütz, op. cit., 90, con las referencias a Dan 5, 5; Núm 17, 16ss; Hech 10, 3ss.
171 Este es el dedo de Dios (Ex 8, 15).

la realización de una visión de futuro claramente delineada.[172]

Así nació Schoenstatt, así creció Schoenstatt, así se prepara año tras año para nuevos trabajos, para nuevas luchas, para nuevas victorias: *el hijo de la guerra es un hijo de la Providencia, y quisiera seguir siéndolo eternamente.*[173]

Tres cosas quedan para el historiador crítico y entendido, a partir del análisis de éstos y otros hechos semejantes como constatación fehaciente:

Primero: la fe práctica en la divina Providencia es la que ayudó a Schoenstatt a reconocer y realizar el plan de Dios.

Segundo: la fe práctica en la divina Providencia es la que, con el correr de los años, pasó las pruebas de fuego.

Tercero: la fe práctica en la Divina Providencia es la que fue ofrecida y regalada en abundancia, como gracia y carisma, a todos los hijos de Schoenstatt que permanecieron fieles a la Familia, a la Madre de la Familia y a la Misión de la Familia.

La consecuencia que se sigue de esta triple constatación es fácil de deducir: a quien ha crecido así en la escuela de nuestra Alianza de Amor original; a quien ha luchado *tan* victoriosamente con el Dios de la vida y con las cosas incomprensibles de su conducción y sus disposiciones en la propia vida y en la historia de la Familia; a quien ha saboreado la sabiduría divina en todos los nudos enmarañados, la omnipotencia divina en la aparente

---

172 Por "Visión de futuro" se entiende la visión acerca del plan de Dios con Schoenstatt, obtenida a través de las leyes de la "puerta abierta" y de la "resultante creadora".

173 *Oktoberbrief 1949 an die Schönstattfamilie,* 14s. La traducción se ha hecho en esta oportunidad. Las palabras en cursivas de estas citas provienen en su mayoría de la misma Carta de Octubre de 1949. Lo último en cursivas lo agregó el P. Kentenich en este trabajo.

impotencia divina, y el infinito amor divino en la crueldad y la injusticia, a ése no le puede resultar difícil dejar las riendas del acontecer mundial, en las manos omnipotentes, bondadosas y omniscientes de "Aquel que está sentado en el trono" (Apoc 5, 1), aun cuando pareciera que esos acontecimientos se hubiesen escapado de las manos del conductor. Ese no tiene que temer la amenaza de su existencia cristiana.

Innumerables hijos de Schoenstatt han rendido y aprobado la prueba de todo lo sucedido en los últimos años en los frentes de batalla, que se asemejaban a un infierno desatado; o en prisiones y campos de concentración, donde la muerte y el demonio celebraban espantosos triunfos. Lo que, hace poco, confesara uno de nuestras filas que pasó largos años languideciendo en campos rusos de prisioneros, expresa una experiencia generalizada. El escribe: "Con gran interés he comprobado en todas las situaciones la eficacia de nuestro modo schoenstattiano de dominar la vida; ha pasado espléndidamente la prueba. Por esa razón sigo fiel a Schoenstatt en todas las situaciones."

Testimonios de esta naturaleza recién cobran su debida importancia; y el significado de nuestra original escuela de Alianza se pone recién de relieve, cuando observamos más de cerca y ponemos en un contexto más amplio nuestra fe en la Providencia.

4. El Dios de la vida presente

Tal como ya lo indicáramos, no pocos cristianos aceptan fielmente todos los dogmas definidos. Creen en la presencia del Señor en la Eucaristía, en el misterio de la Trinidad, de la Encarnación, y en muchas, muchas otras cosas. Repiten también sin gran dificultad lo que han aprendido sobre el contenido y significado de la doctrina de la Providencia divina. Además, saben relatar algunos hechos hermosos y afortunados sobre la intervención de Dios en el cristianismo primitivo y en la Edad Media. La dificultad, la oscuridad, la crisis, comienzan allí donde se toca y se pone en discusión lo inexplicable del acontecer histórico *actual*. Mientras estuvieron sentados, satisfechos y en paz, detrás del escritorio o junto a una mesa bien servida, y pudieron observar, desde un lugar seguro, el juego agitado, escalofriante y hermoso a la vez, de negras nubes que se acumulaban, o una catástrofe natural de una tormenta que arreciaba, el destello encandilador de los relámpagos y el amenazante retumbar de los truenos, todo era todavía más o menos pasable.

Pero la situación cambió esencialmente en el momento en que ellos mismos entraron en la tormenta y en la tempestad, en que perdieron el firme apoyo acostumbrado en usuales circunstancias sedentarias y en el manejo natural de situaciones conocidas; desde que debieron mirar, atentamente, en la oscuridad del presente y del futuro y debieron estar alertas para no ser lanzados, en cualquier momento y sin ayuda ni salvación, hacia las profundidades inmensamente inmisericordes y enigmáticas, desde el iceberg donde habían llegado en medio de un terrible naufragio.

El Dios cuestionado por ellos no es el Dios de la Sagrada Escritura ni de los libros religiosos; ni el Dios de los altares, ni el Dios que está en las lejanas alturas celestiales y en el cercano tabernáculo del corazón. Su problema –*el* problema en sí– es el Dios de la vida, *el Dios de la vida actual.*

Es el Señor, que en la tormenta del *tiempo actual* parece dormir apaciblemente y no se deja despertar por apremiantes y desgarradores llamados. Toda petición y súplica, todo llamado y todo grito clamando: "¡Señor, ayúdanos, que nos hundimos!" (Mt 8, 25), parece ser inútil. El continúa durmiendo apaciblemen-

140

te. No ve ni oye nada; no sabe de qué se trata; así parece, por lo menos.

Hombres de ese tipo no tienen *la fe práctica en la Providencia divina*. No tardará mucho tiempo hasta que pierdan también la fe teórica en el sabio y cuidadoso gobierno divino del mundo, o dejen de creer en la existencia de un gran plan del mundo diseñado y realizado consecuentemente por Dios. Si así ha sido afectada la raíz de la fe, pronto se multiplicará el bacilo y destruirá la raíz de tal modo que ya no podrá sostener el árbol de la vida religiosa. Si viene pronto una gran tormenta, el árbol se quebrará miserablemente.

Este es el triste destino de muchos cristianos de hoy, aun de cristianos dogmáticamente bien formados quienes, no raras veces, pueden hablar brillantemente acerca de verdades religiosas. En ellos, la fe se quedó en la cabeza, no pasó al corazón y a la vida: en síntesis, no maduró en una fe *práctica* en la Providencia. Por eso, esta fe no pudo echar raíces suficientemente profundas, al menos no suficientemente profundas para resistir la tormenta del actual tiempo apocalíptico. Los hombres formados por esa fe no pertenecen al tipo de quienes se puede afirmar en sentido paulino: *"Justus autem meus ex fide vivit."*[174]

Un agudo escritor del siglo XVIII, Peter Grou, decía de la fe aquí descrita, "que es la fe del justo, no la fe común a todos los cristianos, por la cual se acepta como verdadero algo que Dios ha revelado a través de su Iglesia; es una fe muy especial y personal en la Providencia sobrenatural de Dios, que gobierna aquellas almas que se le han entregado totalmente."[175]

---

174 Mi justo, sin embargo, vive de la fe. (Rom 1, 17; Gal 3, 11; según Hab 2, 4)
175 Grou, P. J., *Handbuch für innerliche Seelen*, Münster, 1919, 120 (N. 22).

En su trabajo *"Schönstatt und der deutsche Katholizismus, The-men und Hintergründe eines Ideenkampfes"* (Schoenstatt y el ca-tolicismo alemán, temas y trasfondos de una lucha de ideas), el P. Koester investiga la cuestión de si "la Providencia divina *en mi vida*, (no en general, sino bien concretamente) especialmen-te *en mi profesión*, podría ser objeto del habitus fidei[176] sobrena-tural en mí.[177] El llega al mismo resultado que el P. Grou. Es-cribe el P. Koester:

> Si ellas son solamente *fides naturalis vel coniectura vel opinio mere humana*,[178] entonces aquel ámbito en el que cada uno vive cocnretamente y donde ne-cesita del consuelo de la religión será separado del núcleo de la fe y, con ello, por así decirlo, natura-lizado y, por consiguiente, también fácilmente se-cularizado. Los dones del Espíritu Santo (el *donum consilii*,[179] que averigua la voluntad de Dios en la vi-da concreta, y el *donum scientiæ*,[180] que transparen-ta a Dios en el acontecer del mundo) son despoja-dos de su carácter sobrenatural; y, sin embargo, esos dones son movimientos vitales de una capacidad so-brenatural. También pierde su sentido el tema pre-ferido de ejercicios espirituales y prédicas, que lla-ma a entender la propia historia de vida 'a la luz de la fe'…
>
> Pertenece a los grandes objetivos de la pedagogía de Dios, especialmente en el Antiguo Testamento, que el hombre crea en la conducción divina de la histo-

---

176 Capacidad y disposición sobrenatural para la fe.
177 Trabajo inédito, escrito el 20 de octubre de 1951. Lo destacado en cursivas es del P. Koester.
178 Fe natural, o conjetura, o sólo opinión humana.
179 El don de consejo.
180 El don de ciencia.

ria con una *fides supernaturalis*.[181] Contra este propósito fundamental de la revelación, ¿no se favorece la secularización de la conciencia histórica y no se priva a la Iglesia actual de un impulso indispensable para su triunfo sobre el ateísmo, al oponerse a la aplicación de este principio teológico a un movimiento histórico concreto?...[182]

Por supuesto, si, como sucede fácilmente en tratados dogmáticos, se circunscribe la *fides* sobrenatural solamente al ámbito de las verdades formalmente definidas o definibles, la convicción acerca de la Providencia divina en su aplicación...[183] no puede ser 'fe' en sentido estricto; pues la Iglesia define solamente aquellas verdades que tienen vigencia para la generalidad. Esta limitación, sin embargo, no se justifica. Es refutada por la misma Sagrada Escritura. También allí se llama 'fe' a la confianza en la Providencia individual de Dios: *'Amen, quippe dico vobis, si habueritis fidem, sicut granum sinapis, dicetis monti huic, transi hinc illuc, et fiet vobis.'*[184] Pero este uso del lenguaje puede aplicarse también a la teología. Según ella, hay 'fe', en sentido estricto, siempre que el hombre considera algo como verdadero basándose en la veracidad de Dios. Esto, sin embargo, ocurre en cada aplicación concreta de la fe

---

181 Fe sobrenatural.

182 El P. Kentenich omitió las siguientes frases: "Si se puede llamar 'fe' al convencimiento de la vocación divina del Movimiento de Schoenstatt, ¿por qué no ha de poder llamarse 'misterio' a su objeto? Pues, según dice un antiguo aforismo: *'est fides, ubi non vides'* (la fe se refiere a lo invisible, tr. de esta edición). Así es que también se daría el concepto teológico de 'misterio', y la expresión 'misterio de Schoenstatt' sería defendible."

183 En el texto del P. Koester decía originalmente: 'en su aplicación al Movimiento de Schoenstatt...'.

184 En verdad, en verdad os digo: si tuvierais fe como un grano de mostaza, diríais a este monte: trasládate de aquí a allá, y se os daría. Mt 17, 20; cfr. 21, 21.

en la Providencia. Si el hecho de que la fe se apoye sobre preámbulos[185] racionales no elimina el carácter estrictamente teológico-sobrenatural de la fe en general, tampoco sucederá en nuestro caso, cuando reflexiones racionales la aplican a un caso concreto.[186]

5. El significado de la fe en la Providencia para Schoenstatt

De tales reflexiones se concluye que tienen razón quienes consideran la educación para la fe práctica en la Providencia como una tarea central de la pastoral actual, y que no se cansan de luchar celosamente contra los falsos profetas que, en su doctrina y en su vida, se quedan en las pálidas ideas abstractas, y quienes, repitiendo una expresión de Shakespeare, "están afectados de la palidez del pensamiento"[187] y separan la fe de la vida.

La historia de Schoenstatt es una encendida protesta contra tan dudosa y perniciosa empresa, dudosa y perniciosa especialmente hoy, en un tiempo de incredulidad, que tiene que pasar por inauditas pruebas de fe.

En los años transcurridos, la fe en la Providencia se ha demostrado como una potencia de primer nivel. Ella se ha mostrado como un órgano, sí, como un instinto que ha visto y buscado, ha encontrado y abrazado no sólo con seguridad instintiva "divina" sino con un anhelo insaciable, al Dios de la vida en todas partes y, hasta el extremo, en todas las cosas y acontecimientos, desde los más grandes y los más pequeños, de los más significativos y de los más insignificantes, de los más estridentes y de los

---

185 Conocimientos previos.
186 Koester, H. M., *Schönstatt und der deutsche Katholizismus, Themen und HIntergründe eines Ideenkampfes,* bajo: Fe en Schoenstatt.
187 Hamlet, monólogo en 3,1.

más silenciosos, para celebrar, según una expresión de antiguos maestros, "una permanente comunión con la voluntad divina", para realizar la "consagración del momento"[188], o para sufrir el "martirio de la fe en la Providencia". En esto, la orientación la brindaba la Palabra del Señor: "Todos los cabellos de vuestra cabeza están contados" (Mt 10, 30), y la breve y sabia sentencia de la doctrina y vida de San Pablo: "Para aquellos que aman a Dios, todas las cosas están dispuestas para el bien" (Rom 8, 28).

Por ello, con justificado orgullo, el hijo de la guerra se llama a sí mismo hijo de la Providencia *per eminentiam*,[189] que, en todas partes, se ha sabido y se sabe rodeado y cuidado, enaltecido e impregnado, conducido e impulsado por Dios y por lo divino. Que, a semejanza de la Santísima Virgen, no se cansó ni se cansa de conservar y meditar en el corazón todas las palabras[190] que el Padre ha pronunciado a través de misteriosas conducciones y disposiciones, anudando y desatando circunstancias, y por la estructura de ser de las cosas y de los hombres, hasta haber estado y sentirse *totalmente* en casa en los enigmáticos planes de Dios, y sostenido por una atmósfera sobrenatural. Sin por ello dejar de tener los pies sobre la tierra, hasta haberse sentido y saberse inundado por fuerzas divinas, desposando con ellas las propias y débiles fuerzas, el pobre querer y poder personal, hasta haber recibido y recibir de la luz divina la fuerza de irradiación de esa luz y calor, sin por ello negar la propia razón.

Para las palabras y los deseos de Dios manifestados de esta manera, ha tenido y sigue teniendo vigencia la alabanza bíblica que el *"Hacia el Padre"* expresa en los siguientes versos:

---

188 Cfr. de Caussade, Jean-Pierre, *Von der HIngabe an die göttliche Vorsehung*, Freiburg 41955, 24: *"Sacramentalidad del momento"*.
189 De manera eminente.
190 Cfr. Lc 2, 19.

Más tajante que espada de doble filo
se ha mostrado la Palabra de Dios:
separa con fuerza espíritu y alma
y dispone a la transformación interior;

impetuosa separa médula y coyuntura;
hace fuertes y amplios los corazones;
es juez del pensar humano;
es hoguera para el amor divino;

es martillo que destroza
lo que en el camino estorba,
lo que nos detiene en la senda hacia Dios
y perturba y disminuye nuestro amor;

es semilla que arraiga
si cae en buen terreno;
que trae fruto centuplicado
si penetra hondo en los corazones.[191]

A quien ha entendido e incluso vivido interiormente el profundo
significado de semejante concepción no se le hace difícil rezar:

Padre, purifica nuestras almas,
haz que escuchen la Palabra
y realicen dócilmente
todo lo que entonan en nosotros sus sones.

Haz que la conservemos en nuestros corazones
como lo hiciera nuestra Reina de Schoenstatt,
en quien penetró cual rocío del cielo,
y que así esperemos las bodas eternas.

---

191 *Hacia el Padre*, 53 - 56,. Cfr. Hebr 4, 12s y Mt 13, 18-23.

> Y alegres la llevaremos al mundo,
> que asombrado retendrá el aliento
> y encontrará para siempre
> la paz de Dios que anunciaran los ángeles.[192]

Una vez más, abramos el *"Hacia el Padre"*: lo que allí está escrito no son meras ideas; no es sólo expresión de un anhelo insatisfecho o una meta lejana de horas oscuras o luminosas; es también posesión; como sabemos, es vida vivida por la Familia íntegra en sus ramas y miembros más nobles.

Quien sabe leer entre líneas percibe propiamente la ardiente lucha por una creciente predisposición de todo el hombre hacia Dios, la lucha por la atmósfera de decir *"sí"* a su persona, así como del escuchar y obedecer a sus deseos; de la lucha por una valiente y generosa incondicionalidad por él y por sus intereses, en oposición a los impulsos de la carne y la sangre, al espíritu del mundo y al demonio. Se experimenta la competencia entre la acción divina para descorrer los cerrojos del alma y la apertura y simplicidad humanas, entre la intervención divina y la seducción humana. Apenas se ha alcanzado una cumbre de la montaña, el camino sigue más y más allá, siempre más arriba, por gargantas y abismos. Y el alma debe rezar nuevamente:

> Hasta ahora tuve yo el timón en las manos;
> en el barco de la vida tan a menudo te olvidé;
> me volvía desvalido hacia ti, de vez en cuando,
> para que la barquilla navegara según mis planes.
>
> ¡Concédeme, Padre, por fin la conversión total!
> En el Esposo quisiera anunciar al mundo entero:
> el Padre tiene en sus manos el timón,
> aunque yo no sepa el destino ni la ruta.

---

192 Ibid, 57 - 59.

> Ahora me dejaré conducir ciegamente por ti,
> quiero escoger sólo tu santa voluntad;
> y como tu amor me guarda siempre,
> atravieso contigo por las tinieblas y la noche.[193]

No es el plan humano el que corresponde realizar; solamente el plan *de Dios* tiene valor. Este quiere y debe ser descubierto y realizado en cualquier circunstancia. Por eso la petición, que es expresión de una actitud permanente del alma:

> Padre, hágase en cada instante
> lo que para nosotros tienes previsto.
> Guíanos según tus sabios planes,
> y se cumplirá nuestro único anhelo.[194]

O bien:

> Aunque incluya dolor y cruz,
> realiza el grandioso plan de amor
> que trazaste, desde toda la eternidad,
> al curso de nuestras vidas.

> En Cristo
> venos pender de la cruz
> impulsados por vehemente amor.[195]

Esta actitud acepta aun los casos más difíciles. Si el plan de Dios exige renunciar a lo más querido, a lo más grande, a lo más hermoso, entonces el alma no tiene descanso hasta que haya pronunciado su sí. Reza, aunque con temblor y estremecimiento interior:

> Dios omnipotente,
> *¿quieres* quitarme este hijo,

---

193 Ibid, 398-400.
194 Ibid, 10.
195 *Hacia el Padre,* 107.

te alegra paralizar sus fuerzas,
deseas verlo transformado en caricatura,
en la cual sólo reste
un pálido reflejo de vida?

Por amor me regalaste el hijo,
me diste energía
para consagrarle toda mi existencia,
¿Quieres ahora verlo muerto en mis brazos,
o que vaya por la vida
como un ser deforme?

Entonces te pido:
sé consecuente con tus planes;
sólo hacia ti tiende mi profundo anhelo;
sólo a ti, Padre, te busco
tu voluntad procuro,
y mi alegría es que cumplas tus deseos.

Toma este hijo,
al que tú diste la vida
y al cual he ofrecido
todas las fuerzas de mi amor;
lo devuelvo gozoso a tus manos
y te entrego su destino y su felicidad.

Por tu gran bondad,
si quieres conservarlo
para mí y para el mundo,
y que pueda seguir abrazándolo con amor,
si tú quieres tomar como precio de rescate
mis ruegos y mi confianza heroicamente filial,

¡entonces odiaré toda mediocridad
y toda pereza!

Ni de día ni de noche quiero, innoblemente,
dejar de pedir y suplicar lleno de confianza:
¡Apresúrate en manifestar
tus maravillas a tu hijo!

Que su vida
sea una imagen fiel
de la vida
de nuestra Madre en la tierra;
que, a través del hijo, ella resplandezca
revelando su gloria a nuestro tiempo enfermo.

Con entera confianza
no me canso de implorar:
logren *tus planes* su cumplimiento;
prueba mi fe y mi confianza,
siempre creeré heroicamente
en nuestra misión.
Y si yo mismo no llego a ver esa hora de plenitud
que tú tienes prevista para tu hijo,
entonces me quedaré atrás,
como Moisés en el monte…
me basta con que concedas al hijo
el gozo de la santa tierra.[196]

O bien:

Te pido todas las cruces y sufrimientos
que tú, Padre, me tengas preparados.

Libérame de todo egoísmo,
para que pueda satisfacer tus *más leves deseos*;
hazme semejante, igual a mi Esposo;
sólo entonces alcanzaré la felicidad y la plenitud.

---

196 *Hacia el Padre*, 433-441. Acerca de la última escena bíblica, cfr. Deut 34.

Nunca habrá nada, Padre, que no puedas enviarme;
haz todo lo necesario para doblegar mi yo:
únicamente Cristo viva y actúe en mí,
y yo en él sólo te cause alegrías.

Padre, nunca me mandarás una cruz o un dolor
sin darme abundantes fuerzas para soportarlo.
En mí el Esposo comparte mi carga entera
y la Madre vigila: así somos siempre tres.

Pero si tu voluntad es preservarme del dolor,
sólo quiero complacer tus deseos de Padre;

entonces te pido: aparta de mí la adversidad;
para mí tú eres la única estrella de vida.[197]

Todas las decisiones en la vida práctica, todas las actitudes del alma, todas, sin excepción, se orientan según el *plan divino objetivo:*

Siempre quiero decidirme
con lúcida libertad;
solo la obediencia
guiará mi amor;

y el plan de amor del Padre, eternamente válido,
podrá así realizarse en mi existencia.[198]

El amor a María y el apostolado mariano no se explican, ni se anhelan ni se aconsejan a partir de fundamentos psicológicos. Aunque su valor vital se considere muy grande, en el fondo, su cultivo en alto grado se fundamenta en el orden del ser objetivo, en el *plan del Padre.*

---

197 *Hacia el Padre,* 393 - 397s.
198 Ibid, 309.

> Aquellos que prescinden de María,
> quien, según *el plan del Padre*,
> siempre debe estar junto a ti,
> no comprenden
> la plenitud de tu Obra,
> no captan la totalidad de su fuerza y de su luz.[199]

O bien:

> Concédeme entregar a los pueblos,
> tu cruz, Jesucristo,
> y tu imagen, María.
> ¡Que jamás nadie separe
> lo uno de lo otro,
> pues *en su plan de amor*
> *el Padre* los concibió como unidad![200]

La posición de Pallotti y de Schoenstatt en nuestra Familia corresponde hasta en sus mínimos detalles a una *clara planificación divina,* ya se trate de la autonomía original de ambos polos, o bien de su ordenamiento recíproco. Deseos personales o ideas preconcebidas nada tienen que decir al respecto. Con el fin de reconocer públicamente ante la Iglesia a ambos portadores principales de toda la Obra, de acuerdo a la posición objetiva que poseen, se anhela y se pide el honor de los altares para Pallotti y José Engling. Allí está José Engling como símbolo de Schoenstatt. El fundamento de tal petición es evidente: de esa manera han de eliminarse todas las resistencias a Pallotti y Schoenstatt, a la "creación de amor" –antiguamente decíamos, como está en "Hacia el Padre", la creación predilecta de la Santísima Virgen–, "que impiden mirar con fe el plan del Padre."[201]

---

199 Ibid, 314.
200 *Hacia el Padre,* 332.
201 Ibid, 527. Vicente Pallotti fue canonizado el 20 de enero de 1963.

Por esa razón nuevamente la petición que corresponde a los *planes de Dios*:

> Ayúdala a extenderse por todo el mundo
> y a caminar victoriosa a través de las naciones,
> para que pronto haya un solo rebaño
> y un solo Pastor,
> que conduzca a los pueblos
> hacia la Santísima Trinidad.[202]

Por los mismos motivos luchamos por la idea del "hombre nuevo en la comunidad nueva":

> Danos fe en Schoenstatt y en Pallotti
> y que ese signo de unidad nadie nos lo arrebate;
> que nos formemos como hombres nuevos
> y comunidad nueva,
> realizando el grandioso ideal
> *que complace al Padre.* "[203]

La cruz y el sufrimiento tienen un lugar determinado en el orden objetivo de salvación, el cual quiere ser visto, aceptado y realizado con claridad. Ese lugar queda caracterizado con pocas palabras:

> *Según los planes de amor*
> *y sabiduría del Padre,*
> este mundo será siempre un valle de lágrimas,
> hasta que amanezca
> el sol radiante de la transfiguración
> y la tierra refleje la gozosa gloria del cielo.[204]

---

202 Ibid, 528.
203 Ibid, 519.
204 Ibid, 504.

El sentido de todo es la glorificación de Cristo y de su Madre, y así, del Dios Trino:

> El te escogió
> para que seas tú la segunda Eva
> y salves lo que la primera perdió:
> si por ella fuimos arrastrados a la ruina,
> de ti nos brota
> la fuente de la eterna salvación.
>
> En dependencia de tu Hijo, se te ha concedido
> que puedas devolvernos
> la vida de la gracia antes perdida:
> que apartes o mitigues las aflicciones de esta tierra,
> o las transformes
> en caminos para nuestra salvación.
>
> Generosamente despliega hoy
> tu corazón de madre;
> y como Colaboradora del Señor Jesús,
> manifiesta en plenitud
> tu poder y tu bondad
> allí donde irrumpen violentos poderes infernales.
>
> Como tu Hijo, que durante su vida terrena
> saciaba el hambre
> y traía consuelo y salud a los enfermos,
> así con él pasa ahora entre nosotros
> bendiciendo en silencio,
> para darnos
> el inmenso poder de tus manos de madre.
>
> Manifiéstate a todo el mundo como la Gran Señal,
> ante quien desaparezcan la astucia del Demonio
> y la miseria terrena;
> en ti encuentren los pueblos amparo y auxilio

y te proclamen alegremente
como Medianera de la Salvación.

Nuestra necesidad
se ha hecho tan extrema,
que, sin tu socorro, pereceremos;
sólo tú puedes preservarnos de sucumbir;
ven y míranos en torno a ti
congregados y suplicantes.

Con tu Hijo, sé nuestra liberación
de la furia del infierno
y de la tormenta del tiempo;
con todas las voces de nuestra gratitud
te alabaremos eternamente
como la excelsa Madre de los pueblos.

Proclamaremos tu nombre con valentía
y guiaremos a los hombres hasta tu Santuario,
para que jubilosos
y llenos de amor
glorifiquen contigo a la Santísima Trinidad
en la tierra y en el cielo.[205]

6. Triple sentido de los acontecimientos de la vida

Todos los acontecimientos de la vida tienen, en el *plan de amor
de la Sabiduría eterna,* sobre todo un triple sentido: éstos quieren ser comprendidos como un *saludo,* como un *cambia- vías*
del Padre; quieren ser *medio y camino* para entregarse totalmen-

---

205 *Hacia el Padre,* 503 - 511. En el original de la última estrofa citada aquí dice " contigo y con el Hijo a la Santísima Trinidad en el cielo", en vez de "contigo a la Santísima
Trinidad en la tierra y en el cielo."

te a la *summa bonitas et maiestas*[206] y fundamentar así nuestra *salvación* en el más acá y en el más allá.

Los acontecimientos son saludos y cambia-vías del Padre:

> Nos contemplas con mirada paternal
> y nos participas de la felicidad de tu Hijo;
> dispones todo cuanto nos acontece,
> para nuestra eterna salvación.
>
> Cada sufrimiento es un *saludo* tuyo,
> que da alas a nuestra alma,
> con vigor nos marca el *rumbo*
> y mantiene vivo nuestro esfuerzo.
>
> Renovadamente nos apremia a decidirnos
> a estar prontos para Cristo
> hasta que sólo él viva en nosotros,
> y en nosotros actúe y nos impulse hacia ti."[207]

Por eso, la consecuencia:

> Como el girasol se vuelve
> al sol, que lo regala con abundancia,
> Padre, nos volvemos creyentemente hacia ti
> con el pensamiento y el corazón.
>
> *Silencioso y paternal*
> *te vemos detrás de cada suceso;*
> te abrazamos con amor ardiente
> y con ánimo de sacrificio vamos alegres hacia ti.
>
> Te damos gracias, honor y gloria
> en el santuario de nuestra alma;

---

206 La suma bondad y majestad.
207 *Hacia el Padre*, 73-5.

allí jamás te dejaremos solo,
queremos estar siempre junto a ti.

Con los ángeles y los santos
nuestro corazón gira en torno al altar;
late por aquel que, allí oculto,
sacia el vehemente anhelo de amor.

Creemos que se nos dará
la gloria y la dicha de la resurrección,
y que un día, iguales a Cristo transfigurado,
viviremos plenos y radiantes en cuerpo y alma.

Al venir el Juez del mundo,
aquel que sostiene con firmeza el cetro real,
haz, Padre, que estemos a su derecha
y vayamos con él a las bodas eternas.[208]

Los acontecimientos deben asemejarnos a Cristo y, en él y por
él, movernos a la entrega al Padre. Por esa razón el alma aspira a
una actitud que se caracteriza de la siguiente manera:

La esposa del Cantar
no sabe de caprichos propios.
El Amado la rige
hasta en lo más insignificante:
es como cera blanda, que coge la forma
que le ha fijado el sabio modelador.

El modelador es el Dios del amor eterno:
es el *Pastor*,
que, lleno de solicitud,
por tierras de agitación desolada
busca a la pequeña oveja perdida
hasta contarla nuevamente en el rebaño.

---

208 *Hacia el Padre,* 76 - 81s.

Es la *Madre*, que nunca olvida,
ni en los días de tormenta,
al niño que llevó en su seno.
Es como la *Gallina*, que, cuando el enemigo
amenaza los polluelos,
los cubre con sus alas.

Es el *Rey*, que con su escudo potente,
lleno de amor y sabiduría
nos rodea y protege,
para que aun en las batallas más feroces,
ni la más pequeña nube
turbe nuestra paz.

Es el *Aguila*, que en sus alas vigorosas
lleva hacia el sol
a los débiles polluelos.
Es el *Padre*, que al hijo pródigo
lo sienta en el trono de hijo
y le prepara un banquete.

Porque él lo desea,
la esposa se desprenderá de todo
cuanto turbe la unión de amor;
'odiará' de todo corazón esos impedimentos,
aun cuando sean parte de su carne y de su sangre.

'Quien venga a mí
y no odie padre, madre,
mujer, hijos, hermano y hermana,
quien no quiera consagrarme su propia vida,
nunca podrá
ser discípulo mío verdadero'.

'Quien no pueda cargar agradecido
el peso de su cruz,
jamás se atreva a decir
que es de verdad fiel discípulo mío;
aquél lleva sin derecho
el nombre de cristiano'.[209]

El Señor, que dio todo por nosotros,
no se contenta con recibir
la mitad de nuestra vida:
quiere enteros alma y corazón,
y no le basta el resplandor pálido
de una mediocre entrega.

Nada podrá apartarnos del Señor,
separarnos de él sería nuestra ignominia.
Si él lo desea, hay que desconocer carne y sangre
Desprendiéndonos de ellas
cuándo y cómo él lo quiera,
aunque el sentimiento se rebele.

Se trata de ganar
ese tesoro enterrado en el campo:
el Dios del amor,
que se descubre tomando altura en nuestras vidas.
Lo que somos y tenemos, a cambio de él, es polvo,
que pronto se desvanece entre las manos.

El Señor es la perla preciosa;
ante él se eclipsan todas las grandezas.
Aquel que ha reconocido su valor
y lo ha encontrado,
ése, para poseerlo,
entrega todo con alegría.

---

209 Cfr. Lc 14,26 y Mt 10, 37s.

Quien ofrece entera la vida por causa del Señor,
experimenta la bendición y el gozo
de la vida verdadera;
quien se reserve algo para sí,
será, siempre y en todo, desdichado.

El Dios que quiere dar
el todo por el todo,
con premura desea de mí una vida de Inscriptio;
no debo temer a los poderes de este mundo;
mi ser y mi espíritu
están para agradar al Señor.[210]

El que así se adapta en todo al plan divino, es por eso mismo el más abundantemente regalado:

Libremente le doy el Poder en Blanco,
que vale en cualquier circunstancia:
ésta es la fuente de mi felicidad.

Lo que él quiere, permite o dispone
es bueno para mí;
así me lo dice la luz de la fe.

Eso es lo que he experimentado
en innumerables ocasiones
a través de mi larga existencia;
ocurrió así cada vez que, filialmente,
dejé que él actuara,
aun cuando sobre mí se cernía la tormenta."[211]

Dios regala toda su riqueza al alma que se le ha entregado, en la medida en que ella es capaz de recibirla. El le permite participar de su tranquilidad:

---

210 *Hacia el Padre,* 403-416.
211 Ibid, 417-8.

Quien, como Cristo, el Esposo,
funda toda su existencia en el Padre
y con su vida proclama la Inscriptio,
irradia siempre una gran tranquilidad.
aun cuando la tempestad
ruja en torno a la casa.

Aquél es comparable
a un monte elevado,
al pie del cual soplan vientos borrascosos,
pero cuya cumbre brilla
en medio de una eterna calma,
de la que brota siempre una dichosa paz.

Quien por su fe ve a Dios
tras todas las cosas,
con su oído percibe claramente
la voz del Padre;
siempre su corazón de niño está pronto
a entregarse a él, lleno de felicidad.

Aun cuando el Padre
permite sufrimientos,
el hijo los sabe asumir dentro del amor,
besa la mano que sostiene su destino
y en oración
permanece vuelto hacia él.

Nunca hace como el perro,
que muerde con rabia
la piedra que bruscamente lo saca del reposo;
descubre tras cada piedra
la amistosa mano del Padre,
que lo invita a ir hacia el hogar.

Así concluyó también
Job en su sufrimiento:
'El Señor me lo dio
y él me lo quitó'.
No dijo: 'Me lo dio el Señor,
y su don me lo arrebató el Demonio.' [212]

El la hace partícipe de su victoriosidad:

Aquel que por la Inscriptio
rescata su libre voluntad
de la dura caparazón del egoísmo,
se yergue sobre todos los afanes de este mundo,
resulta siempre vencedor
en los campos de batalla.

Aquél puede unir su voz alegremente
a la esposa del Cantar de los Cantares,
que vive dichosa en la fragua del amor y dice:
'Cuando mi Amado abre sus labios,
se derrite mi alma
como cera entre las brasas ardientes.[213]

O bien:

Aseméjanos a ti y enséñanos
a caminar por la vida tal como tú lo hiciste:
fuerte y digna, sencilla y bondadosa,
repartiendo amor, paz y alegría.
En nosotros recorre nuestro tiempo
preparándolo para Cristo Jesús.

Aunque nos amenacen el mundo y el Demonio,
o tempestades se ciernan sobre nosotros,

---

212 Ibid, 419-24. La última estrofa cita Job 1, 21.
213 Ibid, 401-2. La última estrofa cita Cant 5, 6, según la Vulgata.

> *tú vences todos los peligros*
> y nos concedes tu inmenso poder.
> *Tu corazón, puerta del cielo,*
> es siempre nuestro seguro amparo.[214]

El le asegura, en cuanto es posible aquí en la tierra, una suerte de certeza de salvación:

> Nunca pereceremos
> si somos fiel instrumento tuyo;
> nos ayudas en todo instante
> para que demos abundantes frutos.
> Con alegría caminemos de tu mano
> hacia el eterno Schoenstatt.[215]

O bien:

> Han sellado una Alianza contigo:
> se conserve firme como fundida en bronce;
> entonces los sé bajo un seguro y fiel amparo
> y no temo la furia salvaje del diluvio.
>
> *Victoriosamente* conducirás a todos hacia el hogar,
> al Padre, para que entonen cánticos al Cordero.
> Creo firmemente que *nunca perecerá*
> quien permanece fiel a su Alianza de Amor.[216]

Schoenstatt tiene una gran significación y misión para el tiempo actual, porque así está "en el plan":

> *pues el favor de Dios infinitamente sabio*
> lo escogió como faro luminoso
> para el mundo de hoy.[217]

---

214 Ibid, 609-10.
215 Ibid, 611.
216 Ibid, 533-4.
217 Ibid, 183.

Por eso la conclusión:

> Concédeme ser fiel
> al igual que tú al Poder en Blanco,
> librar combate contra el antiguo Dragón,
> estar como instrumento disponible todo para ti,
> consagrar alegremente
> mi vida a la misión de Schoenstatt.[218]

O bien:

> Para que nuestro tiempo
> pueda mirar la Luz eterna,
> *erigiste benignamente a Schoenstatt.*
> Como Enviada de Dios y Portadora de Cristo,
> quieres, desde el Santuario,
> recorrer el mundo en tinieblas.[219]

Por eso la petición:

> Con alegría sumerge nuevamente
> al Señor en mi alma, y, al igual que tú,
> me asemeje a El en todo;
> hazme portador de Cristo a nuestro tiempo
> para que se encienda
> en el más luminoso resplandor del sol.[220]

Quien comprende el *"Hacia el Padre"*, quien estudia la espiritualidad de Schoenstatt en sus oraciones y en la historia de sus ideas, no se sorprende por la dedicación con que se ha buscado y comprobado el *plan divino,* una y otra vez, en todas las situaciones. Se alegra de la tenacidad con que la estructura entera de la Familia, tanto interna como externa, se ha orientado según ese plan, y se admira de la osadía con la que se ha realizado lo

---

218 Ibid, 184.
219 Ibid, 188.
220 Ibid, 189.

que ya se había demostrado como parte integrante de ese plan divino, aun cuando se lo sintiese como novedoso, o condujese a oscuros abismos y exigiese un salto mortal a la inteligencia, a la voluntad y al corazón. La *"Llave…"* ha procurado demostrar que todo se ha desarrollado de ese modo: "Así, y no de otro modo, se ha desarrollado todo: lo más grande y lo más pequeño. Nada, absolutamente nada, debe su origen a la arbitrariedad humana, a una caprichosa planificación humana."[221]

Por sobre cada forma exterior de nuestro método de autosantificación; por sobre cada malla de nuestra red de organización lentamente desarrollada; por sobre cada uno de los elementos constitutivos de nuestra espiritualidad está, para el que sabe, luminosamente escrita la frase: *"así está en el plan"*.

El resultado de toda investigación culmina en la siguiente conclusión: *Schoenstatt es una gran y misteriosa esfera en la mano de Dios, planeada desde la eternidad, revelada y confiada gradualmente a sus instrumentos, para su realización en el tiempo, según la 'ley de la puerta abierta'.*

Al hablar de una esfera en la mano de Dios, se entiende con ello *la obra de Dios según el plan de Dios*. Para que no queden dudas al respecto, a esta interpretación se añade manifiestamente: esfera en la mano de Dios *planeada desde la eternidad y revelada gradualmente en el tiempo, según la "ley de la puerta abierta".*

La grandeza humana consistió en la genialidad de la ingenuidad, que buscó averiguando siempre sólo la idea y el deseo de Dios, y se mantuvo dispuesta a cumplirlo, aun cuando implicara un sendero de espinas, de un viaje hacia la muerte. En otro lugar, se ha dado una prueba de esto.[222] Aquí basta con referir-

---

221 *Llave para entender Schoenstatt,* bajo el título: *"Las fuerzas propulsoras".*
222 Cfr. ibid.

se especialmente a dos acontecimientos: el *20 de enero de 1942* y *el 31 de mayo de 1949*.

 El 20 de Enero de 1942

Sobre el 20 de Enero no necesito extenderme. Su estructura y su significado han entrado ya en la historia. Será suficiente si inserto aquí algunos párrafos de cartas escritas ese día cargado de acontecimientos. Lo hago sin agregar comentarios, ya que esta carta ciertamente no está dirigida a extraños.[223]

> "Fue una gran alegría para mí haber podido verte brevemente ayer y anteayer.[224] Entretanto, espiritualmente te he colocado mi 'manto de profeta'[225] sobre los hombros. Llévalo con dignidad. Yo llevo provisoriamente otro manto, y lo hago con gusto, en la convicción de poder, de este modo, servir mejor a la Obra. Te agradezco por tu buen consejo.[226] Déjame un tiempo para pensarlo. Verás: hay un poder mayor por encima de nuestras vidas, que condu-

223 En este lugar se reconoce con claridad el carácter de este trabajo, dirigido por el P. Kentenich sólo al círculo más estrecho de la Familia de Schoenstatt.

224 El P. Kentenich podía mirar desde su celda en Koblenza hacia una ventana en la torre de la cercana iglesia de los Carmelitas. El 20 de diciembre de 1941 dos Hermanas de María habían descubierto que desde ahí se podía tomar contacto con el P. Kentenich.

225 Cfr. la historia en 1 Rey 19, 19, en la cual Elías. en el momento de ser arrebatado al cielo, arroja su manto sobre su discípulo Eliseo. La expresión "manto de profeta" está aquí entre comillas por tratarse de un profetismo en sentido lato, es decir, del arte de interpretar las voces de los tiempos como voces de Dios y de traducir esa interpretación en acción.

226 A través de una enfermera, el P. Menningen había tomado contacto con el médico de la prisión. Este se había manifestado dispuesto a auscultar nuevamente al P. Kentenich y a declararlo no apto para el campo de concentración en razón de su enfermedad pulmonar, si es que él se presentaba para ser atendido antes del martes 20 de enero. Cfr. Monnerjahn, E., Vor 25 Jahren II, en: Regnum, 1 (1966), especialmente 182-184.

ce todo hacia lo mejor. Lo principal es que ustedes allí afuera vivan enteramente para la Obra. Recién ahora viene lo mejor. ¡Hay tanto amor al sufrimiento y tanta alegría en mí! Con gusto te hago partícipe en algo. ¿Puedes imaginarte que no me parecería tan 'bien' el que yo no fuese al campo de concentración? Allá aguardan muchos conocidos. ¡Viva la fidelidad!"[227]

"Recién, durante la consagración, tuve la respuesta al problema que ayer había quedado pendiente. Nuestros sacerdotes deben tomar en serio la Inscriptio y el Poder en Blanco, especialmente algunos de los mayores. Sólo entonces quedaré en libertad.

Te ruego que comprendas, por favor, la respuesta a la luz de la fe *en la realidad de lo sobrenatural y de la comunidad de destinos entre los hijos de nuestra Familia.*

Preocúpate, por favor, de que también nuestra PSM[228] actúe en forma semejante a nosotros, entonces ganará la batalla. Ciertamente, así se despierta y se provoca a los poderes antidivinos, pero también se los derrota. No tomes pues a mal que no acepte tu consejo. Procura entenderme."[229]

"La primera carta la escribí hoy en la mañana *post celebrationem.*[230] Justo después del almuerzo, estuvo aquí el Sr. Director[231] y me comunicó que el médico

---

227 *Carta del 19 de enero de 1942 al P. Menningen.*

228 Pia Societas Missionum, Pía Sociedad de las Misiones, nombre oficial de los Palotinos hasta 1947.

229 *Carta del 20 de enero de 1942 al P. Menningen,* escrita después de la Santa Misa.

230 Después de la celebración (de la Santa Misa). El P. Kentenich celebraba, si era posible, diariamente la Misa en forma ilegal en su celda, corriendo permanentemente el peligro de ser descubierto.

231 El capellán del presidio era al mismo tiempo director de Caritas de Coblenza, más tarde director de Caritas de la diócesis de Tréveris, Mons. Paul Fechler.

estaría dispuesto,… si yo me declaraba enfermo. No me puedo decidir a hacerlo. Y ahora llega una visita tras otra a la ventana de la torre y me hace difícil la decisión. Y, sin embargo, aquí estoy y no puedo actuar de otra manera.[232]

Cúmpleme un pedido: preocúpate de que la Familia tome en serio el Poder en Blanco y la Inscriptio, entonces quedaré en libertad. En mí se trata siempre de la misma respuesta. ¿Será un engaño? Yo sé lo que está en juego; pienso en la Familia, en la Obra. Pero justamente por ellas creo que debo proceder de esta manera. *'Buscad primero el Reino de Dios* y todo lo demás se os dará por añadidura.'[233] Pero, ¿los medios humanos? ¿No enseñamos acaso que se los debe aplicar? De todo lo que emprendes, debo concluir lo siguiente: lo que en ese sentido se debe hacer normalmente, se ha hecho ya en abundancia. Por eso el pedido: no me hagas demasiado difícil la decisión. Prométeme trabajar para la realización del Poder en Blanco y de la Inscriptio y —así lo creo— 'pronto' quedaré nuevamente en libertad."[234]

"Ahora llegan todavía más cartas; ellas martirizan. Pero no puedo actuar de otra manera."[235]

"Muchas gracias por entenderme. Más tarde lo harás aún mejor. El martes pasado hubo un asalto tras otro a la fortaleza. Esta fue, permaneció y permanece, si Dios quiere, inexpugnable. Permíteme que, al finalizar una época de la historia de nuestra Familia, te agradezca una vez más cordialmente por todos los

---

232 Se dice que estas mismas palabras dijo Martín Lutero en 1521 ante la Dieta de Worms.

233 Cfr. Mt 6, 33.

234 *Carta del 20 de enero de 1942 por la tarde al P. Menningen.*

235 *Carta del 20 de enero de 1942 por la tarde.*

esfuerzos y por toda la fidelidad. Por el momento, el poder del Demonio, así me parece, ha sido quebrantado en la Familia. Si todos nos esmeramos seriamente en la realización del Poder en Blanco y de la Inscriptio, el Demonio habrá alcanzado lo contrario de lo que pretendía. Según la nueva situación, creo que quedaré pronto en libertad. Por supuesto, la condición debe cumplirse."[236]

"Cuento con la fidelidad de todos en todo. Mientras yo esté prisionero, usted permanece en libertad. Estoy muy, muy contento de su actitud. Así está bien. Nadie nos ama más que Dios. Y si supiera usted con qué gusto daría yo mi vida por la Familia, en forma cruenta o incruenta. Preocúpese solamente de que todos permanezcan fieles hasta la tumba. A mí me va muy bien. Tengo más trabajo del que puedo realizar."[237]

"Por cierto que se me ha hecho difícil, a pesar de las muchas pruebas de afecto de todos lados, recorrer mi camino y dejar de lado el medio humano ofrecido. Más detalles puede usted leer entre líneas en *"Sponsa-Gedanken"*[238]

---

236 *Carta del 23 de enero de 1942 al P. Menningen.*
237 Extracto de una carta privada a una Hermana de María, que fue incluido en la colección de las cartas del Carmelo y de Dachau. Cfr. más arriba, p. 133, nota 161.
238 Como la nota anterior. Cfr. p. 133, nota 161.

9 El 31 de Mayo de 1949

El 31 de Mayo ha permanecido, hasta ahora, como una incógnita para la Familia. Las luchas actuales me inducen a descorrer un poco el velo, para observar más de cerca el misterio de este enigmático día. En primer lugar, lo hago pensando en el "Círculo Fiel" [239]. Quiere ser un acto de gratitud hacia ellos por su perseverancia llena de fe. También lo hago para calmar a quienes sufren por la confrontación que he provocado con el episcopado alemán y que temen se trate de un paso insuficientemente meditado que no midió su extraordinaria repercusión para toda la Familia. Lo mejor es que los hechos hablen por sí mismos.

1. El Santuario de Bellavista

El 20 de mayo de 1949, me encontraba en Santiago de Chile para bendecir el santuario que aún no estaba completamente terminado[240]. Un chileno, como muestra de su máxima admiración y aprecio, medio en broma me dijo estas significativas palabras: "¡Usted tiene planes de loco, pero al mismo tiempo una confianza de santo!". Los planes eran de "loco", es decir, inesperadamente grandes y universales en relación a lo que exis-

---

239 El "Círculo Fiel" agrupaba a los sacerdotes que desde el inicio de la visitación apostólica se identificaron estrechamente con la persona y la misión del P. Kentenich. En enero de 1952, antes de su viaje a Sudamérica, el P. Kentenich había encomendado al P. Menningen -su colaborador más cercano- la tarea de aunar a los miembros de la provincia pallottina de Limburgo (Alemania) que le eran fieles. A partir de allí se fue conformando el *"Treue Kreis"*.

240 El P. Kentenich había llegado a Chile, el 17 de mayo, procedente de Argentina, y se encontraba en la Casa provincial de las Hermanas, en la calle Manuel Montt.

tía en ese momento. Se trataba de tres planes. Entretanto, ya han forjado un trecho de historia. Esto vale especialmente respecto al primer proyecto.

Las Hermanas comenzaron a construir el santuario casi sin dinero[241]. Su fe sencilla en la divina Providencia les hizo pensar: "Construiremos el santuario aunque seamos más pobres que ratones de sacristía y la Virgen, que es extraordinariamente rica, nos construirá un colegio". En la Sagrada Escritura se dice: "Si tuvieran fe, aunque sólo fuera del tamaño de un grano de mostaza, le dirían a ese monte: '¡Quítate de aquí y vete a otro lugar!' y el monte se quitaría." (Mt 17,20). ¡Dicho y hecho! Construyeron el santuario en poco tiempo e inmediatamente después, contra todo lo que se podía esperar, edificaron el colegio. Luego se fue adquiriendo un terreno tras otro. Así, los Padres y las Hermanas poseen suficiente espacio a los pies de los Andes, para la futura Central del Movimiento. Las cosas sucedieron de tal forma como si un plan anual, cuidadosamente meditado y diseñado, se hubiese realizado a la hora, al minuto y al segundo. Con esto, la confianza heroica había logrado la primera victoria.

Entretanto, el "método" ha hecho escuela en toda la Familia. El 20 de mayo, día de la bendición del santuario, uno de los participantes, un sacerdote alemán, decidió legar a las Hermanas sus bienes, una herencia nada despreciable. El había realizado sus estudios secundarios en Schoenstatt y, posteriormente, había llegado a Chile. Al ver el nuevo santuario, se renovaron en él antiguos recuerdos que encendieron su amor y entusiasmo

---

241 Las Hermanas de María llegaron a Chile en 1936 e instalaron su Casa provincial en Temuco. En su primera visita (1947), el P. Kentenich pensó que era más conveniente que se trasladaran a Santiago y ellas así lo hicieron en 1948 instalándose en la casa de la calle Manuel Montt. En junio de 1949, se radicaron definitivamente en Bellavista. Bellavista queda a unos 12 kms. del centro de Santiago, en la comuna de La Florida.

juveniles por la obra de nuestra Madre y Reina tres veces Admirable de Schoenstatt. Su propósito se convirtió rápidamente en realidad. Las Hermanas recibieron la herencia el 20 de mayo de 1952.

La segunda victoria se dio al poco tiempo. Aún no se ha consumado, pero tampoco es bueno que se logre rápidamente, pues podría frustrarse. Se trata de la misión del insignificante y hasta el momento inconcluso santuario, para el pueblo y la patria chilenos.

Los hechos exteriores realmente no contribuían a creer en semejante misión. Más bien hablaban en contra: sólo parecía tratarse de un acontecimiento cotidiano e insignificante, incapaz de dejar una huella importante. No habían sido objeto de ninguna atención especial. El minúsculo santuario estaba allí, a pleno campo, en medio de una planicie, al pie de los Andes nevados y parecía una casita de muñecas.

2. 20 de Mayo, meditación de la mañana

Después de una noche extraordinariamente lluviosa, el 20 de mayo iniciamos la meditación de la mañana refiriéndonos a esta situación. La naturaleza se había mostrado tan rebelde que puso seriamente en duda la posibilidad de realizar la celebración:

> Esta mañana no necesitamos buscar un tema –decía en la plática–. Estamos acostumbrados a interpretar cada acontecimiento a la luz de la fe práctica en la divina Providencia y a encontrar creyentemente a Dios en su cumbre, entregándonos a él de todo corazón.

Esta mañana, la elección del tema no resulta difícil. El acontecimiento que a todos nos llama poderosamente la atención es: lluvia, lluvia y más lluvia. Según las categorías de acá, ésta es tan fuerte que podríamos hablar de un diluvio. Anoche casi fuimos todos arrastrados por la lluvia. A mí, por poco me sucede lo mismo. Y todavía no quiere dejar de llover.

¿Debemos arriesgarnos a ir al santuario con este tiempo? ¿Cómo será la situación en nuestro terreno a campo abierto? No existen calles ni tampoco caminos. Todo el terreno está empapado. Por todos lados hay charcos y barro, barro y más barro. Aun más, la capillita no está terminada. En el techo hay un gran agujero. ¿Cómo estará el interior? ¡Y éste debe ser el gran acontecimiento del 20 de mayo! ¡Queríamos volar como las águilas hacia el sol! ¿Y dónde está el sol? No se lo ve por ninguna parte; parece como si se hubiera ocultado. ¡Pero… está ahí! Está arriba, en el cielo de nuestros ideales. También hoy ilumina de modo especial nuestra actual situación.

¿Saben qué pensaba ayer por la tarde cuando estábamos en la iglesia parroquial para trasladar el cuadro y nos vimos obligados a realizar la celebración en la misma iglesia debido a la lluvia? Mi primer pensamiento fue: *Deo gratias! Magnificat!* Las cortinas de agua deben ser para nosotros una protección ante la publicidad, una especie de camuflaje. Aún no debemos darnos a conocer en círculos más amplios. El peligro de que nos apaguen nuestra recién encendida llamita de vida sería demasiado grande.

Inconscientemente pienso en Dachau y en la Tercera Acta de Fundación [242]. En aquel entonces, la lluvia también fue una eficaz protección para nosotros. Las nubes se arremolinaban y la tormenta arreciaba aullando entre los árboles. Estaba oscuro. Nadie se atrevía a salir a la calle del campo de concentración. Sólo nosotros, los conjurados de la Madre y Reina tres veces Admirable de Schoenstatt, teníamos el valor de estar afuera. Ni siquiera la policía nos molestó durante nuestra emotiva consagración de Inscriptio, ni en la trascendental fundación de la Internacional Schoenstattiana.

¡Aquella vez y hoy! Sin querer la comparación me viene a la memoria. Ésta es la primera interpretación de las intenciones divinas que la lluvia nos ha sugerido. ¿Habré acertado?

En la lluvia torrencial también se puede ver un símbolo de las luchas y dificultades que tendremos en el futuro. Esto se me ocurrió ayer por la tarde, cuando contemplaba ese deslucido lugar[243], el minúsculo santuario perdido en medio del campo y el puñado de personas y su organización. Había niños y un par de mujeres; también participaba un par de sacerdotes y de jóvenes. Pero hombres, personalidades vigorosas, ¡no se los veía! ¡Y nosotros creemos que desde aquí contribuiremos a la renovación de nuestra patria! ¡En verdad, para llegar a creerlo se necesita una fe gigantesca!

Con esto, vino a mi mente una imagen de los primeros cristianos y la forma en que san Pablo la in-

---

242 Ver: *Documentos de Schoenstatt,* pp.121-139.

243 El día anterior se había planificado llevar el cuadro de la MTA en una procesión desde la iglesia parroquial al santuario, pero no fue posible a causa de la lluvia y el barro. Sin embargo, el P. Kentenich, de todos modos, predicó en la iglesia.

terpretó. En cierta oportunidad, el apóstol de los gentiles observaba y examinaba a su audiencia. Rápidamente la caracterizó: entre los presentes no veía ni a muchos sabios ni a ricos, ni a gente ilustre. Y a pesar de eso, ¡qué no surgió del cristianismo naciente! ¡Emprendió su marcha triunfal por el mundo!

San Pablo también nos proporciona el motivo para un hecho tan maravilloso: Dios destruyó lo que aparentaba ser algo ante el mundo y usó como instrumento lo que era pequeño y despreciable, para así mostrarse más y mejor como el Soberano del mundo[244]. Por supuesto que los elegidos, los instrumentos escogidos, deben suplir, mediante una fe heroica, lo que les falta en aptitud y capacidad personal.

Si la primera interpretación de la inclemencia del tiempo hoy nos mueve a entonar el *"Magnificat"* y el *"Deo gratias"*, entonces la segunda interpretación nos exhorta a pronunciar un valiente "Credo".

La impotencia que sentimos ante los torrentes de agua es la misma que experimentamos ante las grandes tareas que nos esperan.

Nuestra grandeza consiste en creer y confiar contra toda esperanza y así continuar nuestro camino.

¿Puedo intentar una tercera interpretación? La lluvia también puede significar bendiciones. Me han dicho que aquí en Chile la gente se alegra cuando llueve. Las reservas de agua se renuevan y así se dispone para varios meses de la cantidad de agua necesaria. Si esta interpretación es correcta, entonces, las bendiciones que esperamos recibir deberían ser inmensamente grandes. Casi tendríamos que decir:

---

244 Ver: Cor 1, 27-29.

"¡Señor, detén tus bendiciones!". Quizás debiéramos temer que los torrentes de agua arrasaran nuestra casa.

Con esto he indicado, brevemente, cómo interpreto yo la situación. En todo caso, una cosa es segura: el Padre Dios así lo ha dispuesto y por eso está bien que así sea. Estamos con ambos pies en la tierra de la fe práctica en la divina Providencia. Nadie nos puede quitar la alegría de cumplir el deseo y la voluntad de Dios. Y mucho menos aun cuando él nos exige grandes sacrificios.

Este tipo de exigencias con frecuencia nos las pone Dios en el camino. Por eso estamos alegres y, sobre todo, lo está nuestra generación más joven. Cuando llegaron acá desde la patria, sintieron: "¡Aquí todo depende de cada uno!". Por eso nunca se dejaron mimar. Más bien se decían: "¡Preocúpate de estar en tu puesto y procura hacer algo que valga la pena!". Eso era lo correcto. Si a uno lo tiran al agua, aprende a nadar mucho mejor. Así y sólo así se forjan grandes personalidades. Nunca surgirá de nosotros algo grande y acabado, sin dificultades, sin sacrificios, sin lucha.

¡Después de algunos años veremos qué interpretación se impone! ¿Podré nuevamente contarme, también esta vez, entre los "profetas"? Cuando hace 20 años fueron enviadas nuestras primeras Hermanas, les dije: Si permanecemos firmes durante 10 años en el extranjero, seremos aprobados por la Iglesia, aunque se deba remover todo el derecho canónico. Ustedes saben que, entretanto, esto ha sucedido. [245]

---

245 Se refiere a la Constitución Apostólica *"Provida Mater"*, del 2 de febrero de 1947, por la cual la Comunidad de las Hermanas de María pudo ser aprobada canónicamente

Por supuesto, el demonio también está interesado en nosotros. Sin embargo, seguimos nuestro camino aunque llueva a cántaros, ¡aunque un diluvio se nos venga encima! No nos dejaremos confundir. Nosotros iremos a nuestro santuario para realizar allí nuestra celebración.

Uno de nuestros padres de Temuco decía: "Pero, ¿qué se podrá realizar con una capillita tan pequeña?". Podemos captar la punzante duda que encierra esta pregunta. ¿Qué contestaremos?

Suele decirse: Cuando se envía a una Hermana al desierto sólo con un paraguas, no tardan en aparecer grandes edificios a su alrededor. Pero esta vez no vemos a una pequeña Hermanita en una región árida. Se trata nada menos que de la excelsa, la poderosa, la sabia y bondadosa Madre y Reina tres veces Admirable de Schoenstatt que quiere establecer aquí su morada. ¿Cómo lo hará? A esa pregunta sólo hay una respuesta posible: *"Mater perfectam habebit curam!"*. ¡La Madre cuidará perfectamente! [246].

3. Bendición del Santuario de Bellavista

La bendición del santuario se realizó antes de la misa solemne, en las condiciones más precarias. La plática se refirió al arco iris que repentinamente apareció el día anterior en el cielo y que, como signo de alianza, nos proporcionó el tema: la alianza de amor de Dios con su creatura en toda la historia de la re-

---

como Instituto Secular. La aprobación se concedió el 20 de mayo de 1948.

246 Esta frase procede, en su versión original, de San Vicente Pallotti: *"Mater habebit curam!"* (Ver: J. Frank, *"Vizenz Pallotti"*, I. Bd. Friedberg 1952, p. 336). El P. Kentenich la usó constantemente a partir de la primera guerra mundial, agregándole el adverbio *"perfecte"* ("perfectamente"), y, en Milwaukee, *"et victoriam"* ("y obtendrá la victoria").

dención, en la historia de Schoenstatt y de Chile. La introducción destacó lo siguiente:

> Rara vez habrá estado unida a tantas dificultades como ahora la bendición de un santuario de la Madre tres veces Admirable. Si es verdad el antiguo refrán: "La medida de las dificultades es la medida de las gracias", entonces podemos contar con un extraordinario caudal de gracias. Si nosotros, chilenos, nos hemos sobrepuesto a las inclemencias de este temporal, ya no hay nada que nos pueda amedrentar.
>
> ¿Cuáles son las gracias que esperamos recibir? El arco iris que ayer pareció tocar repentinamente la cúspide de nuestro santuario, la imagen de la Madre tres veces Admirable, nos indica la dirección: las murallas de nuestro pequeño santuario se abren o ensanchan de pronto y toda la historia de la redención aparece ante nuestros ojos. En su centro vemos la alianza de amor entre el Dios eterno y su frágil creatura. Ya nos lo había enseñado el catecismo: el arco iris es el signo de la alianza entre Dios y Noé.[247]
>
> Al inicio de la historia del mundo, Dios selló una alianza similar con Adán y Eva. Se trataba de una alianza bilateral que no sólo concernía a uno de los contrayentes, sino a ambos al mismo tiempo y del mismo modo. En Adán y Eva, Dios prometió, a su pueblo y a todo el mundo, la bienaventuranza eterna si ellos cumplían la condición que él les imponía. ¿Y qué exige el Señor del cielo y de la tierra? No se contenta con el cumplimiento de la ley natural, sino que también establece una condición en el plano de la ley positiva: 'De cualquier árbol del jardín

---

247 Ver: Gén 9, 12-17.

puedes comer, mas del árbol de la ciencia del bien y del mal, no comerás' (Gén 2, 16). Con ello tocamos la gran ley que recorre permanentemente la historia de la alianza: Cuando Dios quiere sellar una alianza con la creatura, siempre pide un sacrificio y este sacrificio pasa a ser símbolo de la entrega total de la creatura al Creador.

Sabemos con qué rapidez Adán y Eva quebrantaron esta alianza. Dios, en cambio, permanece eternamente fiel a la alianza. Habiéndose apartado y alejado la humanidad cada vez más de él, se acuerda de aquella alianza y elige a Noé para renovarla con él y con sus descendientes. Esta renovación no se hizo sin una seria exigencia al espíritu de sacrificio del contrayente humano.

Después se señala en la plática que Noé, a semejanza de Adán, también quebrantó la alianza, porque no cumplió la condición establecida. La historia de la alianza continúa con Abraham y Moisés como figuras centrales, destacándose la misma ley: Dios no sella una alianza sin exigir a la vez, como expresión de la entrega total del contrayente humano, un sacrificio correspondiente.

La segunda parte de la plática gira en torno a la historia de la alianza de Schoenstatt, comenzando en 1914, pasando por 1944 hasta 1949. Se habla de los contrayentes de la alianza y de los deberes de la alianza, de la entrega total bajo la forma del Poder en Blanco y de la Inscriptio[248]. Describe la forma en que

---

248 El "Poder en Blanco" y la "Inscriptio" indican dos grados de crecimiento en la espiritualidad y ascética schoenstatiana. El primero expresa una disposición y apertura total al querer divino. En el segundo, no sólo se acepta aquello que Dios ha dispuesto para nosotros, incluso la cruz, sino que, por amor, ésta es solicitada en tanto cuanto esté contemplada en el plan divino.

ambas partes han cumplido sus deberes y destaca los efectos palpables de la mutua fidelidad a la alianza.

La tercera parte se refiere a la toma de posesión del santuario por parte de nuestra Madre tres veces Admirable:

> Y ahora ha llegado el gran momento en el cual la Santísima Virgen quiere sellar la misma alianza en este insignificante lugar… Ella ha elegido tierra chilena, ha escogido un Nuevo Schoenstatt, para iniciar desde aquí una marcha victoriosa, de modo semejante a como lo hiciera desde el Schoenstatt original. Ciertamente exige para ello que se cumplan las mismas condiciones. De este modo quiere llegar a ser la gran educadora del pueblo chileno. La meta que ella persigue la ven ustedes arriba en el cerro: el símbolo que caracteriza a Santiago, que domina toda la ciudad desde la cumbre del cerro, la estatua de la Inmaculada.
>
> Y aquí abajo, en el valle, está el taller de formación donde la gran Educadora del pueblo y de los pueblos quiere formar fieles imágenes de la Inmaculada, donde lo divino irrumpe en lo humano, lo sobrenatural en lo natural; donde la Llena de Gracias ejerce su poder sobre el corazón de su Hijo y quiere realizar milagros de transformación interior, de cobijamiento y fecundidad para el pueblo y la patria. Si Bellavista está llamada a ser una imitación y repetición lo más perfecta posible del Schoenstatt original, entonces el santuario requiere como complemento una casa de retiros y una casa de adoración."

Desde entonces han transcurrido tres años. La historia del Schoenstatt chileno se ha enriquecido, la Santísima Virgen ha actuado en ella de modo tan preclaro que el Movimiento, que entretanto ha surgido y que crece constantemente, es capaz de mantenerse básicamente por sí mismo. Cuántas veces se ha dicho durante mis visitas: "Ya no necesitamos al Schoenstatt original para demostrar el carácter sobrenatural de la Obra. Aquí lo palpamos diariamente, lo tocamos prácticamente con las manos. Antes de que tuviéramos el santuario, estábamos totalmente desvalidos frente a la tarea de proclamar Schoenstatt. Pese a la mejor voluntad no lográbamos ningún avance".

A contar del 20 de mayo de 1949, todo ha cambiado. La Santísima Virgen ha tomado las riendas en sus manos. Está surgiendo un nuevo Schoenstatt, una tierra maravillosa, una pradera asoleada,

> donde reina nuestra Madre tres veces Admirable
> en la porción de sus hijos escogidos,
> donde retribuye fielmente los dones de amor
> manifestando su gloria
> y regalando una fecundidad ilimitada.
> ¡Es mi terruño, es mi tierra de Schoenstatt! [249]

Tenemos un movimiento de universitarios más grande, más sólido y más vigoroso que en el Schoenstatt original, de donde surgen vocaciones sacerdotales y de dirigentes laicos para el país y la Iglesia en forma tal como nunca lo hubiéramos esperado.

Un joven universitario, que ayer vino por primera vez, respondió así a la pregunta sobre qué era lo que le gustaba y atraía de este lugar: "La profunda y edificante comunidad fraterna como no la he encontrado en ninguna otra parte y esa peculiar atmósfera sobrenatural que se respira en todo el lugar".

---

249 *Hacia el Padre,* 600.

Recuerden además el testimonio del secretario del Sr. Nuncio, el 22 de mayo: "Hasta hace poco ustedes no tenían ninguna importancia, pero ahora se están convirtiendo en una gran potencia en Chile". En la misma oportunidad, el Nuncio declaró: "Me encuentro aquí con un verdadero complot. He venido a visitar un colegio y a las Hermanas [250]. ¿Y qué es lo que encuentro? Una especie de 'Gran Teatro del Mundo' como el de la Universidad Católica. No le falta nada: están las Hermanas, los universitarios, los Padres e incluso, en el trasfondo, una gran escenografía: la cordillera". Para comprender sus palabras, ha de tenerse en cuenta que ese 'Gran Teatro del Mundo' es una asociación libre de universitarios que montan obras de teatro clásico que tiene una excelente fama en todo el país.

Durante mi primera visita a Chile [251] se me objetaba: "No podemos salir adelante, porque no tenemos lumbreras geniales entre nosotros, capaces de competir con los grandes de otras órdenes. Mientras no nos los envíen desde Alemania, nos estamos esforzando en vano. Esto no tiene sentido. No avanzamos ni un paso". Hoy se piensa y se actúa de otra forma; hoy se posee el convencimiento de que la Santísima Virgen no ha escogido a sabios como instrumentos, sino a sacerdotes y laicos con actitud sobrenatural, que no proclaman otra cosa que los elementos constitutivos originales y básicos de la Familia, que expuse anteriormente: la alianza de amor de Schoenstatt, el lugar de Schoenstatt y el tesoro de Schoenstatt. Los portadores del Movimiento aquí en Chile lo hacen genuinamente, sin recortes; lo hacen constantemente, sin interrupción; lo hacen con un éxito creciente.

---

250 El Sr. Nuncio, Mons,. Zanín, visitó Bellavista el 22 de mayo de 1952 acompañado de su secretario Mons. Bruniera.

251 El P. Kentenich visitó Chile por primera vez entre el 23 de julio y el 8 de agosto de 1947.

Por el momento, lo organizativo es tal como fue inicialmente en el Schoenstatt original, es decir, algo totalmente secundario. Todavía ni existe. Así la corriente de vida resulta más fuerte, más atractiva y evidente. Tampoco se contentan con trabajar sólo "en el espíritu de Schoenstatt",[252] como tampoco en un comienzo se contentaron con ello en Alemania. En todo caso, son válidas las consignas: *"Aut Caesar aut nihil"* [253], ¡O Cesar o nada!"; *"Sint ut sunt aut non sint"*, "Sean como son, o no sean" [254].

Sin quererlo, pensamos nuevamente en la sentencia de Salustio: *"Omne regnum iisdem mediis continetur quibus conditum est"*. "Todo reino se mantiene con los mismos medios por los que fue fundado". O en el primer principio fundamental que hemos propuesto anteriormente: "¡Une forma y espíritu de tal modo que el espíritu y la vida siempre se mantengan como el poder dominante!" [255]

Si tenemos una organización minuciosamente planificada y aplicada hasta en los últimos detalles, pero se nos priva de las fuerzas que han mostrado ser vitales, es decir, si se nos arranca de la corriente de gracias y de vida, entonces se hace realidad una imagen que recientemente aplicó una persona muy capaz respecto a un proyecto de constituciones aún inconcluso. Lo hizo con espíritu constructivo, con sentido de responsabili-

---

252 Se refiere a una tendencia a trabajar sólo "en el sentido de Schoenstatt", es decir, aplicando sus ideas y pedagogía en general, sin mencionar ni trabajar los elementos específicos de su espiritualidad. Esto en desmedro de un trabajo al mismo tiempo "para Schoenstatt", que contempla, de modo explícito, las fuentes propias de su vitalidad interna y su crecimiento como Familia dentro del organismo total de la Iglesia.

253 Lema de César Borgia.

254 El Padre General de los jesuitas, Lorenzo Ricci, dijo esta frase al Papa Clemente XIV en 1773, cuando éste pretendía cambiar la Compañía. Sin embargo, la frase proviene probablemente del Papa Clemente XIII cuando el embajador francés, en 1761, exigió un cambio sustancial en las constituciones de la Compañía.

255 Ver p. 75 y ss.

dad. Dijo: "Si se compara a Schoenstatt con un huevo de gallina, entonces, el planteamiento anterior equivale a que al huevo se le saque la yema y luego la cáscara se llene de agua y se tapen los agujeros. Se pone después el huevo debajo de la gallina y se le dice: 'Y bien, querida gallina, ¡ahora, sé buena e incuba el huevo!'". La ilustración no requiere comentarios. Podemos comprenderla sin mayores explicaciones.

La forma como se ha desarrollado aquí el Movimiento durante los últimos tres años, me recuerda los mejores tiempos del Schoenstatt de origen. Algo semejante se puede decir de Brasil. Allá se destaca más el movimiento popular; ya se puede equiparar con el movimiento de peregrinos alemán y con los retiros que allí se dan. Comparándolo con Chile, en Brasil se constata una doble ventaja: lo que ahora se intenta en Chile, casas de formación y de retiro y pequeñas 'ermitas' erigidas en las diversas parroquias, ya se ha realizado allá con gran éxito. Ambos países coinciden en un punto: al comienzo, también existió en Brasil la angustiante preocupación de no contar con personalidades capaces, por eso, se pensaba, no podemos arriesgar nada. Pero en cuanto cobró vida el convencimiento creyente de que Schoenstatt es una obra marcadamente divina, de que en los santuarios filiales brota la corriente de gracias de 1914, de que desde allí la Santísima Virgen ha tomado en sus manos la parte principal del trabajo de educación y de que sólo se tiene una tarea, la de anunciar y vivir Schoenstatt genuinamente, desde ese momento ha surgido y sigue creciendo un mundo nuevo que nos permite albergar grandes esperanzas.

Entonces, repitámoslo aquí nuevamente: ¡La organización no es lo primario ni lo más profundo! *Lo principal es y será la vida que se alimenta y se nutre en nuestros Santuarios y que siempre revierte a ellos;* la vida que une a los portadores del Movimiento, unos a otros, y que los vincula con el lugar de gracias y los ideales. Sólo así verdaderamente Schoenstatt llega a ser un hogar para toda la Familia.

Con esto tocamos nuevamente la cuestión central de la lucha actual. Externamente no está en primer plano, pero no podemos dejarnos engañar. Aun cuando se la siga esquivando, mañana o pasado mañana saldrá a la luz y también a la publicidad. Entonces tendremos que estar en nuestros puestos; no podemos estar interiormente quebrantados, sino más bien interiormente fortalecidos y exteriormente pertrechados. Digámoslo otra vez: "¡Lo que habéis heredado de vuestros padres, conquistadlo para poseerlo!". "¡Levántense y despiértense unos a otros!" "¡Dejen la periferia, vayan a lo central!"

(......)

A quien compara en Chile el año 1952 con 1949, ya no le parece tan utópica la idea que el Santuario en Santiago, Bellavista, alguna vez llegue a cobrar realmente una gran importancia en la historia de Chile.

4. El acontecimiento del día 31 de Mayo de 1949

Al 20 de mayo le siguió el 31 de mayo, fecha con la que iniciamos este relato y de la que queremos descorrer un poco el velo. Esa fecha nos reunió nuevamente para una celebración en el aún inconcluso santuario. Nos encontramos allí para realizar un acto solemne. Todos estábamos conscientes de que se trataba de un acto que rara vez se realiza, como cuando se está ante un acontecimiento especialmente importante, porque comienza una lucha a muerte o cuando una batalla en pleno desarrollo alcanza su climax y todo insta a una resolución.

Me había reunido con un pequeño círculo de personas más cercanas, para entregar a nuestra querida Madre la primera parte de mi "Respuesta"[256]. Usted conoce el documento; como Superior General pudo revisarlo en aquel entonces. El trabajo debía permanecer sobre el altar durante la noche. Quería pedir a la Madre y Reina tres veces Admirable de Schoenstatt que se mostrara realmente tres veces admirable y no negara su bendición especial y su abundante ayuda en la dura lucha que comenzaba, para la cual me había preparado durante decenios y que, después de largas reflexiones, de mucha oración y sacrificio, me sentía obligado a emprender.

Pedí a ella que no sólo hiciera brotar desde aquí una corriente de gracias semejante a la del Santuario original, sino también una contracorriente orientada a superar una determinada forma de espiritualidad existente en la tierra del Santuario original. Me refiero a un bacilo nocivo que, debido a la gran influencia que ejerce Occidente y, por otra parte, a la enorme facilidad con que el alma moderna se deja influir, con gran estrépito se alista para contagiar el mundo causando daño por todas partes.

La plática pronunciada en esa ocasión aún permite percibir y revivir el recogimiento que embargaba el corazón de los presentes e inundaba todo el ambiente:

> Es como si el ambiente del hogar nos rodeara en estos momentos —así lo destacaba la plática— como si ángeles estuviesen en medio de nosotros y nos dijesen: "¡Quítate el calzado, porque el lugar que pisas es tierra santa!" (Ex 3,5). Sí, santo es este lugar y seguirá haciéndose *más* y más *santo*; tierra santa es és-

---

256 Se refiere al documento enviado por él al obispo de Tréveris y, por su intermedio, a los obispos alemanes.

ta, porque la Santísima Virgen ha escogido este terruño; tierra santa, porque en el transcurso de los años, de los decenios y de los siglos, desde este lugar surgirán, crecerán y trabajarán fecundamente hombres santos. Éste es un lugar santo, finalmente, porque desde aquí se impondrán santas tareas, es decir, tareas que santifican, sobre débiles hombros.

Es un hecho histórico que Schoenstatt ha venido hasta nosotros: el Schoenstatt originario al nuevo Schoenstatt. Desde hoy en adelante, otro hecho ha de llegar a ser realidad histórica: desde hoy -así me parece- tenemos que cuidar, desde aquí, que el nuevo Schoenstatt encuentre su camino hacia el Schoenstatt de origen. El torrente de gracias que vino desde allá en la plenitud de la Tercera Acta de Fundación y que sigue derramándose, quiere volver a la fuente primitiva llevándole abundante bendición. Éste es el profundo sentido de esta celebración. Ella tiene un doble carácter: de obsequio feliz y de pesada misión. Nos hemos reunido aquí en esta silenciosa hora vespertina para entregar solemnemente a la Santísima Virgen el trabajo que para ella hemos hecho en común. Digo que fue un trabajo en común, porque, mientras yo escribía día y noche, ustedes imploraban para mí, silenciosamente, el Espíritu Santo en nuestro Cenáculo. Ustedes no se cansaron de hacer abundantes sacrificios por la misma intención y, más que nada, se esforzaron por tomar en serio la Inscriptio en la vida cotidiana.

Con la entrega solemne de este trabajo, aceptamos una carga que hombros humanos no pueden llevar por sí solos. Pero también esperamos para Occidente, sobre todo para Alemania, una gran bendición.

Desde allá fuimos enviados como instrumentos en las manos de la Madre y Reina tres veces Admirable de Schoenstatt para ayudar a realizar acá los planes de la sabiduría y del amor divinos. Tratamos de hacer todo lo que estuvo en nuestras manos.

¿Será acaso un don que nos hace en pago, un reconocimiento y un honor para nosotros, si creemos que ella nos quiere usar desde acá, a partir de este día, para ganar una influencia más poderosa en la forjación de los destinos de la Iglesia en el espacio cultural de Occidente? Está claro que cuando escuchamos la palabra "Occidente" pensamos siempre, en primer lugar, en Alemania.

Permítanme expresar lo que mueve nuestras almas en estos momentos y revestir de palabras lo que sienten nuestros corazones. Venimos para dar y recibir. Queremos intercambiar con la Santísima Virgen todo nuestro desvalimiento, nuestra disponibilidad y nuestra fidelidad. Le regalamos nuestra disponibilidad y ella nos regala su disponibilidad. Le damos nuestra fidelidad y ella nos da su fidelidad.

Esta contraposición nos recuerda espontáneamente que el pensamiento central que nos mueve, que nos impulsa constantemente y que nos asegura una paz inalterable en todas las situaciones, es la Alianza. También ella ocupa ahora el primer plano de nuestros intereses y nos da la respuesta a todas las preguntas que esperan una solución. Los dos contrayentes, que desde hace tanto tiempo se pertenecen el uno al otro, se vuelven a encontrar en este santo lugar. ¿Y qué es lo que quieren?

La plática describe con detalles los mutuos ofrecimientos y obligaciones. Destaco en forma especial algunos pensamientos relevantes:

> El desvalimiento de uno de los contrayentes se debe sobre todo a la extrema dificultad frente a la pesadísima tarea que se le ha vuelto a confiar y que ha vuelto a asumir para Occidente... Se trata de desenmascarar y sanar la raíz, el último germen de la enfermedad que aqueja el alma occidental: el pensar mecanicista.
>
> Tengo bastantes razones para suponer que Dios ha impuesto, en este sentido, una pesada carga sobre los hombros de nuestra Familia. La "ley de la puerta abierta" me persuade de ello. Las luchas de mi juventud indican en esa misma dirección. Ellas me permitieron combatir lo que hoy agita a Occidente hasta en sus más profundas raíces. Además de la enfermedad, pude experimentar también en mi propia persona, y muy abundantemente, la medicina[257] (...)
>
> La misión tan manifiesta de Schoenstatt para el Occidente, especialmente para nuestra patria, frente al colectivismo que avanza poderosamente y que

---

257 El 11 de diciembre de 1916 el P. Kentenich escribió sobre este tema a su colaborador, el primer prefecto de la congregación, J. Fischer: "permítame revelar algo de mi pasado: desde mi entrada al noviciado hasta la ordenación sacerdotal y aún algo después, tuve que soportar permanentemente las luchas interiores más tremendas. Ni el menor rastro de una felicidad o paz interior. Mi director espiritual no me comprendió y, en mi enfermizo modo de pensar racionalista y escéptico, apenas si tenía un apoyo en lo sobrenatural. Eran unos sufrimientos increíbles, tanto interiores como exteriores, es decir, espirituales y, además, corporales". En 1958, escribía mirando retrospectivamente: "Después —tras una dura y larga lucha— cuando pude superar en mi interior el racionalismo y el escepticismo del recién terminado siglo XIX, así como la versión apologética del cristianismo imperante en aquel entonces, entró Schoenstatt en la historia con una concepción clara y sólida de la vida y de la educación cristiana" (Ensayo de 1957/58 existente como manuscrito).

destruye todo, se encuentra ante un muro que sólo puede ser derrumbado si efectivamente se vence y se extirpa el mencionado bacilo (…)

Ustedes, a su manera, pueden asumir conmigo la responsabilidad y compartir la misión de la Familia. Pero tenemos que contar con que este trabajo hiera profundamente nobles corazones en la patria, que despierte una violenta indignación y haga que, en respuesta, se nos den fuertes y duros contragolpes. No nos admiremos si se forma un poderoso y unido frente común de hombres influyentes en contra mía y de la Familia. Humanamente hablando, tenemos que contar por último con que nuestro intento fracase completamente. Y, sin embargo, no podemos sentirnos dispensados de correr este riesgo. ¡Quien tiene una misión ha de cumplirla aunque conduzca a los más oscuros y profundos abismos, aunque exija dar un salto mortal tras otro! La misión de profeta implica siempre suerte de profeta.

Vemos cómo Occidente camina a la ruina y creemos que estamos llamados desde aquí a realizar un trabajo de rescate, de construcción y de edificación. Creemos que tenemos que ofrecernos como instrumentos para impulsar una contracorriente que vuelva a los países de los cuales también nosotros hemos sido abundantemente beneficiados. (…) Por eso es que tenemos el valor de exclamar con san Pablo: *Non possum non praedicare!* ¡No puedo dejar de predicar![258] ¡No puedo hacer otra cosa, debo esgrimir la palabra!

Ustedes comprenden cuán grande es esta gigantesca tarea frente a nuestro desvalimiento. Tenemos que

---

258 En Hechos 4,20, san Pedro pronuncia estas palabras. Ver también 1 Cor.9,16.

pensar en David enfrentándose con Goliat. Pienso en el salto mortal que tuve que arriesgar en 1942 y estoy consciente de que esta vez se repite. Si no contáramos con la disposición de la Santísima Virgen a ayudarnos, nunca nos atreveríamos a dar este arriesgado paso (…)

Por otra parte, si ustedes me comprenden bien, podría agregar que no sólo yo, no sólo nosotros, sino también la Santísima Virgen está desvalida ante esta situación. Es cierto que ella es la Omnipotencia Suplicante ante el trono de Dios, pero también es cierto que según los planes del amor divino, ella está supeditada a instrumentos humanos dóciles y de buena voluntad. Si según el Primer Documento de Fundación, ella ha aceptado la tarea de mostrarse en Alemania en forma preclara, desde nuestro santuario, como la vencedora de los errores colectivistas, entonces -me expreso a la manera humana- ella busca ansiosa con su mirada instrumentos que la ayuden a realizar esta tarea. ¿Qué nos queda sino ponernos sin reservas a su disposición en el sentido de nuestra consagración, aceptar sus deseos, entregarnos nuevamente a ella dejando a ella la responsabilidad por la gran obra en la cual nosotros, dependiendo de ella y por interés en su misión, queremos cooperar, sufrir, sacrificarnos y rezar?

Estamos en una hora decisiva en la historia de nuestra Familia. Si no logramos derribar el mencionado muro, la Santísima Virgen quitará a nuestro terruño su misión para Alemania y emprenderá una obra de rescate desde los santuarios filiales. ¡Ella permanece fiel a su Alianza! Si ramas de nuestra Familia, por cobardía y debilidad, no pagan fidelidad por fidelidad, podemos suponer que su misión se traspasa a nosotros.

Dos pensamientos deben conducirnos a la lucha, dos consignas que como estrellas deben brillar en nuestra vida. Una es: *Tua res agitur! Clarifícate!* ¡Se trata de tu misión, de tu tarea, ahora, por tanto, glorifícate tú y tu Obra! La segunda es: *Mater perfectam habebit curam!* La Santísima Virgen se glorificará de la manera más perfecta si nosotros nos esforzamos, dondequiera que sea, por tirar de su carro de triunfo. Entonces ella cuidará de nosotros y de su Obra de Schoenstatt y la guiará victoriosa a través de las luchas, tal como lo ha venido haciendo durante los años pasados de persecución.

Ésta es la historia del 31 de mayo en conexión con el día 20 del mismo mes. Ambos días están históricamente relacionados, razón por la que he querido unirlos en esta exposición. El día 20 es condición necesaria y la preparación para comprender el significado del día 31, ya que sin la bendición del Santuario de Bellavista no hubiera sido posible la celebración siguiente, con su profundo contenido.

5. Diversas reacciones ante el paso del 31 de Mayo

Tras esta explicación y aclaración surge nuevamente, en este contexto, la pregunta central formulada anteriormente. ¿Corresponde el acontecimiento anterior verdaderamente a un plan divino? ¿Abrió Dios realmente la puerta indicada o fue forzada por la temeridad humana? ¿En último término, no se habrán disfrazado y llevado a cabo sólo quimeras enfermizas, confundiéndolas trágicamente con intenciones divinas? ¿No se desmoronará, tarde o temprano, todo el edificio, por más sólidamente construido que nos parezca en su exterior? O, dicho de otro modo, ¿al menos, no se trata de una lamentable mal interpretación, de un desacierto con graves consecuencias? Nuevamente, ¿no habrá, detrás de todo esto, presunción, orgullo y desviadas ansias de valer? ¿No podría hablarse incluso de delirios de grandeza? Es fácil hacer la comparación con los "dioses por un día" que surgen como un meteorito en el firmamento para terminar precipitándose en el abismo. Basta recordar, por ejemplo, a Hitler y sus semejantes.

No reprocho a nadie esta forma de pensar, sus crecientes dudas y suposiciones, como tampoco habría censurado a quienes hubiesen reaccionado y hablado en forma semejante después de la primera Acta de Fundación en 1914, en 1939 después de la Segunda y en 1944 después de la Tercera Acta de Fundación. El espacio de tiempo transcurrido entre 1949 y hoy es demasiado breve como para poder dar una respuesta satisfactoria basada en la evolución histórica de los acontecimientos. Por eso, aún debemos esperar el veredicto final de la historia.

En todo caso, algunos podrán decir lo siguiente: Todo lo que ha surgido en Schoenstatt, ha surgido según la "ley de la puerta abierta". Y más adelante, eso se mostró esencialmente como plan de Dios, incluso cuando fue rechazado, censurado y condenado durante largos años. Además, tenemos suficientes motivos para creer que una vez más hemos usado con acierto nuestro bien probado "olfato sobrenatural" [259], al menos mientras no se demuestre lo contrario. La reacción que en estos momentos se produce en las altas esferas eclesiásticas, no constituye un argumento contundente o definitivo en contra. Esta reacción,

---

[259] El P. Kentenich designa con esta expresión la capacidad de descubrir la voluntad de Dios en las circunstancias según la fe práctica en la divina Providencia. Esta nos provee de un cierto sentido o "instinto sobrenatural" que nos permite detectar el plan de Dios.

194

según se demuestra en la historia de otros movimientos semejantes, también podría tomarse como argumento a favor de la trascendencia del acto. El objetivo de éste, de acuerdo al plan de Dios, podría ser llamar la atención sobre Schoenstatt en círculos más amplios, hasta llegar hasta las más altas esferas. Allí actuaría aclarando y explicando y acortaría el largo camino que nos separa de nuestra meta, evitando nuevas catástrofes.

El P. Wimmer [260] opinaba lo siguiente: "Schoenstatt debía ser primero crucificado por los portadores humanos de la autoridad eclesiástica tal como primero lo fue por el poder político. Recién entonces, podría iniciar su camino de bendiciones a gran escala, sirviendo al mundo y a la Iglesia tal y como está escrito en el plan divino. ¿Quién se arriesga, con seguridad absoluta, a opinar lo contrario? El Padre General[261] está convencido, a través de la visitación, de que en poco tiempo hemos avanzado veinte años. Esta apreciación me parece un cálculo demasiado bajo: yo multiplicaría veinte por cinco. Claro que no lo digo, en primer lugar, pensado en la red organizativa, aunque tampoco debemos minimizar el avance logrado en ese sentido.(…)

6. Esperanzas en relación a la sociedad del Apostolado Católico

Espero mayores bendiciones en una doble dirección. Ante todo pienso en la unidad entre la Sociedad de los Palotinos y el Movimiento, en el "carácter elíptico" de ambos, en cuanto giran en torno a Schoenstatt y a Pallotti [262], que es reconocido por am-

---

260 El P. Wimmer era un sacerdote palotino que vivía en Schoenstatt.

261 Se refiere al P. Turowski, Superior General de los Padres Palotinos en ese momento.

262 El P. Kentenich siempre buscó la unidad de Schoenstatt con la Sociedad del Apostolado Católico (Palotinos); sólo desistió de ello cuando se cerraron todas las puertas en ese sentido. En 1965 se fundó la Comunidad de los Padres de Schoenstatt, que asume

bos como polo central. Esto no sucede aún respecto a Schoestatt o, dicho más exactamente, respecto a nuestro santuario.

En 1939, se encontraba amenazada la parte externa, lo material del santuario. En un abrir y cerrar de ojos había en torno a él una muralla de "guardianes" dispuestos a defenderlo a toda costa [263]. Hoy pretenden arrancar el santuario de nuestros corazones, lo que es aun más peligroso y de consecuencias más graves. Quieren debilitarnos, como en otro tiempo hicieron con Sansón cuando le cortaron los cabellos mientras dormía[264]. Así quieren que perdamos la fuente de nuestra fuerza y vitalidad y que, de la noche a la mañana, perdamos la garantía de nuestra orientación sobrenatural.

Los mismos guardianes de entonces también hoy están en sus lugares, dispuestos a defender el santuario con alma y cuerpo, con la ayuda de la Inscriptio y del Acto de José Engling[265]. Pero su número no es suficiente. La Santísima Virgen nos quiere ver a todos, sin excepción, unidos en un frente común. En aquel entonces, quedó excluido en parte el extranjero; pero hoy éste está convocado en su totalidad y, al menos desde Sur y Norte América, responde ocupando su puesto con alegría. Ningún miembro debe faltar, ni aquí ni allá, para que la cadena se cie-

---

el carácter de "parte motriz y central" del Movimiento. Schoenstatt reconoce siempre en San Vicente Pallotti un polo central, desde que el P. Kentenich asumió como finalidad propia de Schoenstatt su idea de la "Confederación Apostólica Universal". Por eso el P. Kentenich reza en el *Hacia el Padre*: "Danos fe en Schoenstatt y en Pallotti y que este signo de unidad nadie nos lo arrebate" (p.166,n.519).

263 El curso *"Indivisa"* de las Hermanas rodeó el santuario original en la noche del 31 de mayo de 1939, para expresar simbólicamente su entrega total a Dios por la obra de Schoenstatt y su fe en que la Santísima Virgen había erigido en él su trono de gracias.

264 Ver IR 16,19.

265 Durante la primera guerra mundial, José Engling ofreció su vida a la Santísima Virgen, por la fecundidad del Movimiento. De ahí que en Schoenstatt se tomara su nombre para designar esta entrega.

rre y nadie pueda romperla. Esto vale especialmente para los Institutos y las Federaciones y, en primer lugar, para los palotinos. Siguiendo esta inequívoca invitación y el desafío que supone, se cierran sus filas soldándose en un bloque infranqueable. Luego les resultará fácil encontrar la relación adecuada con los Institutos y las Federaciones. Se realizará entonces el sentido de la canonización de Pallotti: la Sociedad de los palotinos y el Movimiento ocuparán el lugar querido por Dios dentro del organismo de la Iglesia[266]. Si los palotinos entienden el llamado de Dios y le responden adecuadamente, podrán comenzar con grandes expectativas el segundo siglo de su historia. La fundación de la Sociedad del Apostolado Católico ya está concluida. Ahora puede continuar su camino, con pasos de gigante... sí, siempre que...

Según todas las apariencias, los palotinos se están preparando, tanto en el extranjero como en Alemania, para cumplir esta condición. ¡Ojalá este proceso alcance una rápida coronación! ¡Ojalá el Santuario, en todos los lugares donde haya palotinos, albergue la presencia de Pallotti formando con él una santa bi-unidad. ¡Bendito sería el acto que de este modo se mostrase tan fecundo! No sé si hubiésemos podido encontrar un método mejor para alcanzar esta meta tan ardientemente anhelada.

7. Superación de la mentalidad mecanicista

¿No debemos esperar aún otra bendición? Pienso en el lamentable bacilo, al que ya nos hemos referido, de la mentalidad mecanicista e idealista. Hoy se puede considerar mi concepción como una idea fija, la cual se puede ser minimizada y ridiculizada. Pero una vez que esta corriente de indignación pase y cuando

---

266 Comparar este texto con la charla que el P. Kentenich diera en Roma, el 23 de enero de 1950.

los sentimientos heridos ya no hagan tanta violencia en el entendimiento y la voluntad, entonces se podrá reflexionar con tranquilidad, captando al menos el alcance del problema, sin que se formulen injustas acusaciones de herejía de una y otra parte. En todo caso, queda un largo camino por recorrer hasta alcanzar una total clarificación. Lleva su tiempo lograr que mensajes de este tipo sean correctamente comprendidos y respondidos en su momento. El desarrollo de las diversas corrientes en todo el mundo contribuirá a acelerar este proceso. Tarde o temprano, el fracaso de gran número de tentativas que buscan abrir espiritualmente al hombre moderno a Dios, terminará siendo nuestro mejor abogado.

Incluso ahora puede afirmarse, sin caer en la exageración, en la injusticia o falta de rectitud en el juicio, que se han mostrado como erróneos todos los experimentos realizados por el movimiento ecuménico para adaptarse a las formas de pensar mecanicistas e idealistas. Por otra parte, forman legiones las personas síquicamente enfermas que cambian el confesionario por la sala del sicoterapeuta, porque los sacerdotes no somos capaces de comprender los problemas del mundo interior, especialmente los que se relacionan con la vida espiritual subconsciente e inconsciente. Y, con más exactitud, no somos capaces de comprenderlos porque ya no podemos pensar en forma sana ni orgánica.

Ojalá llegue pronto el momento en que nuestro Seminario[267] se ponga al servicio de la tarea aquí descrita. En la Edad Media fueron universidades enteras las que se propusieron importantes metas y tareas intelectuales, cumpliendo así, para su tiempo, la misión de unir sanamente la investigación científica con la vi-

---

267 Se refiere al Seminario Mayor de los palotinos en el lugar de Schoenstatt.

da. ¿Por qué no podría suceder lo mismo con nosotros? Nada lograría estrechar más los lazos de nuestro cuerpo docente, despertándolo y disponiéndolo para el desarrollo de una auténtica ciencia y para efectuar su servicio a la vida

(......)

Una ciencia exacta exige un trabajo duro[268]. Por eso ella no puede esperar, de un día para otro, éxito y reconocimiento. Todo lo que tiene que ver con Dios y con el alma crece mejor bajo la cruz, junto a la Madre Dolorosa. Si se interpreta acertadamente las palabras del Señor, "He ahí a tu Madre", (Jn 19,27) y se sigue el ejemplo de san Juan, de quien se dice: "Y desde ese momento el discípulo la recibió en su casa", entonces, se podrá esperar copiosas bendiciones de la cruz y de María: bendiciones para sí mismo, para quien la sustenta, y bendiciones para el mundo y la Iglesia. Esto vale especialmente para nosotros, que tenemos una marcada misión mariana, recibida de Schoenstatt y de Pallotti, y que consideramos como nuestra tarea servir al Movimiento justamente en esa dirección. En su tiempo, una responsabilidad así pudo haber motivado al Seminario Mayor a elegir la escena de la Anunciación como su ideal[269].

El Seminario Mayor se enamoró de la actitud filial de la Santísima Virgen. Sabe también que esta actitud, considerada desde una perspectiva sicológica global, presupone una forma de pensar netamente orgánica. Pero sabe también que ni el Seminario ni el Movimiento podrán responder satisfactoriamente a la misión mariana que ambos poseen, si en amplios círculos no se logra superar el pensar mecanicista e idealista. De este modo,

---

268 El P. Kentenich usa aquí un juego de palabras en alemán: *"Saubere Wissenschaft ist ein saure Arbeit"*.

269 Ver: H.M.Köster, *"Anuntiatio Mariae, Gedanken um ein Bild, eine Gemeinschaft und eine Zukunft"*, Limburg, 1947.

todo esfuerzo científico serio que se haga en este sentido, constituirá un acto de profundo e íntimo amor a la Virgen María y una eficaz respuesta a la consagración hecha anteriormente a la Madre y Reina tres veces Admirable de Schoenstatt.

Usted puede percibir con qué alegre optimismo juzgo la situación. ¿No me estaré engañando? ¿No será otra la realidad? Puede ser que tengan razón los que así piensan. Cada uno es libre y puede decidir como mejor le parezca. "Quien tiene que decidir, tiene que sufrir" [270]. En todo caso, debe quedar claro lo siguiente: la confrontación no surgió "a la ligera", tal como se cree y se propaga por aquí y por allá.

Si la breve exposición hecha anteriormente no fuese una prueba suficiente de lo que afirmo, será necesario analizar la historia previa y posterior al acto.

8. La historia previa al 31 de Mayo de 1949

Si se considera la historia previa al 31 de Mayo, en definitiva podemos constatar que abarca el completo historial ideológico de la Familia desde su inicio. En consecuencia, es una historia muy amplia y rica en tensiones. Para nuestro fin baste recordar dos fechas: los años 1935 y 1948.

En *1935* tuvo lugar el primer enfrentamiento con Tréveris. Quien examine el ensayo que redacté en aquel entonces, por lo expuesto hasta ahora, no se sorprenderá que refiera las diferencias de opinión al choque entre la mentalidad mecanicista y la orgánica.[271]

---

270 Dicho alemán: *"Wer die Wahl hat, hat die Qual"*.
271 Ver, *"Texte zum Verständnis Schönstatts"*, Patris Verlag, 1974.

En *1948* envié a Tréveris mi *Informe* de Africa que contenía incluso los detalles más privados[272]. Quise ilustrar con un ejemplo clásico la fecundidad y el alcance del pensar y del vivir orgánicos. No quiero mencionar en detalle cada una de las cartas privadas que precedieron a la "Respuesta" oficial, pero deberían ser consideradas como una unidad moral.

De todo esto puede deducirse hasta qué punto es serio para mí el asunto que aquí está en discusión y por cuántos años me ha ocupado, pues considero que toca esencialmente la problemática más vital y existencial de Occidente.

9. La historia posterior al 31 de Mayo de 1949

De la historia posterior al acto del 31 de Mayo, quiero señalar tres fechas. En Pentecostés, el *5 de junio de 1949*, es decir, apenas unos días después del solemne acto del 31 de mayo, coronamos a la Santísima Virgen en el santuario filial de Chile. Lo hicimos, y no en último término, para poner simbólicamente bajo su amparo la difícil lucha que nos esperaba en el ámbito público eclesial.

Este tipo de coronaciones siempre equivale para nosotros a una renovación de nuestra alianza de amor original. Por la coronación nos reconocemos totalmente dependientes de la Santísima Virgen, nuestra Aliada. Tal como lo expresa la oración de consagración, entregamos a ella la última responsabilidad, e impulsados por la conciencia de ser instrumentos y la conciencia de misión, continuamos nuestro camino con valentía y tranquilidad, seguros de la victoria. Así lo hicimos en tiempos de la per-

---

272 El P. Kentenich viajó a Africa en diciembre de 1947. Como era su costumbre, en cada uno de sus viajes escribía una crónica o informe, en su crónica alude a la relación que había surgido en la Provincia de las Hermanas de María respecto a él.

secución nazi[273] y salimos bien del paso. Así lo hicimos también desde el 31 de Mayo y el 5 de junio de 1949. Con esto el *"Mater perfectam habebit curam"* [274] adquiere un nuevo contenido y un mayor significado para nosotros.

Nuestra arma principal consiste en destacar, en cada situación, la persona de la Santísima Virgen en toda su luminosidad, para manifestar así al mundo sus magnificencias. Lo hacemos para inducirla, en el sentido de la consagración o coronación, a que se muestre y se glorifique en la Familia, convirtiéndola en especial testigo de su poder, de su bondad y de su sabiduría. De ahí que nuestra oración predilecta sea: ¡Clarifícate! ¡Clarifícate! Si se nos roba el honor [275], le damos a ella el honor, convencidos de que ella tomará en sus manos la tarea de salvar nuestro propio honor. Así se realizan las palabras de Pallotti: "Ella es la gran misionera, nosotros podríamos agregar: nuestra gran defensora, ella hará milagros" [276].

Con esto le he revelado el secreto de mi imperturbable tranquilidad y seguridad. Desde que la lucha alcanzó su punto culminante, hará unos quince meses, no hago otra cosa que proclamar en todas partes, en charlas o en la dirección espiritual, las alabanzas a nuestra Madre y Reina tres veces Admirable de

---

273 Se refiere a la coronación de la Santísima Virgen realizada en el santuario original, el 10 de diciembre de 1939, durante el régimen nazi.

274 Ver nota 128.

275 La persona del P. Kentenich, en el contexto de la visitación apostólica, no quedó libre de calumnias, como sucedió tantas veces con otros portadores de una misión especial a lo largo de la historia de la Iglesia. Su actitud personal frente a esta situación la testificó él mismo en una carta fechada el 18 de noviembre de 1951: "Quien tiene una misión fuera de lo común, debe estar dispuesto a soportar pruebas igualmente fuera de lo común. El mundo y la Iglesia tienen derecho a exigirlas y también a imponerlas. No deben indignarnos los medios que se usen para ello, incluso cuando se es privado del honor, privado del derecho o desterrado".

276 "¡Oh, cuántos milagros hará nuestra querida Señora! ¡He ahí a la Gran Misionera!". San Vicente Pallotti solía decir estas palabras cuando eran enviados nuevos misioneros. Ver: J. Frank, *"Vinzenz Pallotti"*, 2 Bd, Friedberg 1862, p.493.

Schoenstatt. Es y permanece asunto suyo luchar y vencer por *su* causa. ¡Hasta el momento no nos ha decepcionado ni lo hará tampoco en el futuro! ¿Comprende usted mejor ahora, desde esta perspectiva, mi preocupación ante el posible desplazamiento de la Santísima Virgen de nuestro santuario original y de nuestros corazones?

A mediados de marzo de 1951, el P. General me envió un telegrama por el cual me pedía ir a Schoenstatt, pues allí ya se encontraba el Visitador apostólico. Envió el telegrama a Chile creyendo que yo estaba allí. Pero, entretanto, yo ya había aterrizado en Buenos Aires y el superior regional de Chile [277] tuvo que remitirme el telegrama a Argentina. Mi respuesta, el 21 de marzo de 1951, fue la siguiente:

> Muchas gracias por el telegrama que me envió. Recién puedo partir el 19 de abril. En esa fecha habré concluido la tarea que me ha sido encomendada. Usted ya supondrá de qué se trata el problema en Alemania. La confrontación con el episcopado alemán ha alcanzado su punto culminante. Ahora tiene que suceder lo que he perseguido desde hace años. Debe resolverse la lucha por la superación del humanismo idealista o separatista, que ha alcanzado grandes proporciones en círculos eclesiales dirigentes. Si esta lucha no se da, Schoenstatt no podrá cumplir su misión en Alemania. Durante el terciado[278], a menudo llamé la atención sobre el contenido de esta problemática. Por más que ésta sea una lucha de vida o muerte, usted no debe perder la cal-

---

277 Se refiere al P. Carlos Sehr.

278 Se refiere al terciado de los Padres Palotinos de Argentina, Brasil y Chile, realizado en Bellavista, entre el 2 de febrero y el 1º de marzo de 1951. El P. Kentenich dirigió este terciado como delegado nombrado por el Generalato de los Palotinos.

ma. Ya conoce nuestra "fórmula mágica": *Mater perfectam habebit curam!*

Si por su parte quiere colaborar para que alcancemos un final feliz, preocúpese de que las semillas sembradas durante el terciado broten y den fruto abundante.

Con alegría y gratitud recuerdo las seis semanas pasadas. Están entre las más hermosas y fecundas de mi vida. Ojalá que la fiesta de Pascua sea portadora de abundantes gracias de resurrección para toda la Región; será así continuación y culminación de nuestro terciado. Le agradezco cordialmente todos sus abnegados esfuerzos. Puede estar seguro de que a través de ellos ha contribuido esencialmente a asegurar un buen rendimiento del terciado.

Mucho depende ahora de que cada uno en su puesto vea claramente cuál es su tarea y busque cumplirla. Si para usted es posible, le pido que recuerde esto en la ocasión apropiada. No necesito acentuar que llevo en mi corazón la idea de la construcción del santuario en Temuco. Y ya que comparte la misma opinión, usted se preocupará, al menos mediante buenos consejos y dando ánimo, de que la construcción pronto se lleve a cabo.

Ayer, día 20, hemos dado los pasos más importantes para conseguir el terreno que hemos visitado aquí[279]. Esperamos finiquitar la operación en los próximos días, de tal modo que mi tarea pueda darse por concluida. A partir del 1 de abril estaré en

---

279 Florencio Varela (Argentina), terreno donde el P. Kentenich bendeciría el santuario el 20 de enero de 1952.

> Santa María, en una jornada que me pidieron para el clero diocesano[280].
>
> A usted y a toda la Región, vayan mis mejores deseos y mis saludos para Pascua de Resurrección.[281]

El 6 de abril de 1951 escribí un breve trabajo para una instancia eclesiástica. Entre otras cosas, allí se afirma:

> Para clarificar, destaco brevemente dos ideas. La primera debe comprenderse como una tesis, la segunda como su aplicación a algunas cuestiones prácticas.
>
> En primer lugar[282], la tesis: hoy Schoenstatt considera que su tarea consiste en colaborar, al servicio de la Iglesia, en la superación interna del bolchevismo, especialmente en Alemania, a través del cultivo cuidadoso de un marcado organismo natural y sobrenatural de vinculaciones.
>
> Explicación: el bolchevismo[283] destruye por todos los medios, sacrílegamente, todas las conformaciones orgánicas básicas de la vida. No solamente separa lo natural de lo sobrenatural, sino que también atomiza la naturaleza y desgarra el organismo natural de vinculaciones, trátese de una sana vinculación local, personal o ideal. La historia muestra que

---

280 Santa María, Río Grande do Sul, en Brasil.

281 Carta fechada el 21 de marzo de 1951.

282 Se cita aquí tan sólo la primera parte del trabajo *"Schönstatt im Streite der Zeit"* (Schoenstatt en medio de la lucha de la época actual). Una segunda parte trata acerca del principio paterno en las comunidades femeninas.

283 Es decir, la superación de la mentalidad bolchevista. El P. Kentenich entiende por "bolchevismo" el espíritu colectivista que puede encarnarse culturalmente en diversos sistemas (nazista, marxista, capitalista, etc.). Estos sistemas pueden ser muy diversos en sus estructuras socio-políticas o económicas. Sin embargo, en ellos subyace el "espíritu" o mentalidad colectivista. Por eso, el P. Kentenich distingue una superación "interna" del bolchevismo (o colectivismo) y una superación "externa" o política del mismo. Schoenstatt, en cuanto movimiento de Iglesia, está orientado primariamente a la superación de la mentalidad "bolchevista" o del espíritu colectivista mecanicista.

el pensamiento moderno ha realizado un abundante trabajo previo a esta obra de destrucción. No sólo la han apadrinado el materialismo, el vitalismo y el existencialismo, sino también el idealismo filosófico, apoyado por el protestantismo y el iluminismo[284], ha aportado lo suyo.

Se torna así comprensible que un Movimiento que quiere ayudar a socavar y a superar interiormente el espíritu bolchevista [285] se esmere por salvar el organismo sobrenatural de vinculaciones, por asegurar el organismo natural de vinculaciones y la sana interacción entre ambos.

En su tiempo, Santo Tomás superó para Occidente la filosofía árabe[286], mediante la doctrina aristotélica de las causas segundas, ayudando de este modo a la salvación del cristianismo. Así también hoy los Movimientos cristianos de renovación deben tornar ilusorias las tendencias orientadas a la desintegración de toda vida orgánica. Esto acontece del modo antes indicado. La tarea es, por lo tanto, incomparablemente mayor que en el medioevo. La razón es fácil de comprender: a las tendencias de disolución total sólo se puede responder exitosamente con un trabajo de salvataje total.

Dado que, según parece, el futuro del bolchevismo se decide principalmente en el ámbito alemán, debe emprenderse en él la lucha y proseguirla con lucidez hasta el final. Una frase de san Agustín puede servir de orientación: *Utamur hæreticis, ut contra*

---

284 Sectas esotéricas que se jactaban de tener una especial iluminación y que estaban cerca de la masonería.
285 Originariamente decía aquí: "... al bolchevismo".
286 Filosofía de Averroes o "averroismo".

eorum errores veram doctrinam catholicam asserentes tutiores et firmiores simus.[287]

De lo anterior se desprende la necesidad de declarar la guerra en el ámbito germano a todas las erróneas concepciones modernas de la vida que hemos señalado y también a sus consecuencias tanto ocultas como manifiestas. La desidia, e incluso el apoyo de las mismas, significa paralizar la capacidad de resistencia contra el enemigo mundial del cristianismo. Por esa razón es sobremanera lamentable y peligroso que, en círculos de dirigentes católicos alemanes, hayan anidado importantes residuos del idealismo filosófico, asumiendo con frecuencia una fachada religiosa a través del movimiento litúrgico. Estos círculos, aun de modo inconsciente o involuntario, son precursores del bolchevismo y sepultureros de la vida cristiana.

Su pensar mecanicista separa la causa primera de las causas segundas, sin poder visualizarlas en una interconexión orgánica; su espíritu separatista desgarra las ideas de la vida haciendo incapaces a esos círculos de otorgar, a una devoción mariana profunda, el lugar que le corresponde en la lucha contra el bolchevismo y en el desarrollo pleno de la vida católica. Por todas partes, ellos ven ante sí el fantasma del temor de que, por esa devoción, Cristo y Dios Padre pudiesen pasar a un segundo plano.

Se sustrae de la consagración a la Santísima Virgen el contenido que ésta posee históricamente y que se ha experimentado como fecundo. Sólo se la conoce y reconoce como una relación de protección, pe-

---

287 Aprovechémonos de los herejes para tornarnos más seguros y firmes en la afirmación de la verdadera doctrina católica en contra de sus errores.

ro, de ningún modo, como una entrega perfecta. Se afirma que tal entrega sólo es posible respecto a Dios. Sabiendo que diócesis enteras se consagraron al Sagrado Corazón de Jesús, no se atreven a profesar a la Santísima Virgen un tributo similar. Se tiene el temor de que ello pudiese llevar a pensar que la Santísima Virgen, en la renovación de las diócesis, lograse lo que el Señor no pudo alcanzar. Hasta este extremo llega el pensar separatista, para el cual el espíritu latino no tiene disposición alguna.

La obediencia cristiana es arrancada de su contexto esencial. La causa primera y la causa segunda son separadas una de la otra, de manera tal que la obediencia ciega de la inteligencia y la entrega total de la voluntad son consideradas como denigrantes para la persona y como idolatría del ser humano. La trascendencia de Dios se acentúa tan fuertemente, a la vez que la inmanencia se lleva tan a segundo plano, que Dios corre peligro de desvanecerse ideológicamente, para, por fin, terminar siendo totalmente eliminado. Lo mismo ocurre respecto del carácter de ser miembros de Cristo, que se separa, como una idea deslavada, de la persona del Señor. Con ello se contribuye esencialmente a su despersonalización.

La peligrosidad de esta actitud y la urgencia de superarla desde la raíz, no sólo exige el fomento de corrientes de vida que, conscientemente, se le opongan sino que requiere también de un claro enfrentamiento científico. Esto adquiere especial relevancia en relación al modo de ser germano que, por naturaleza, se orienta con preferencia hacia principios y que incluso de lo nimio quiere hacer un principio.

Desde 1912, Schoenstatt se ha colocado conscientemente en una posición opuesta a todas las formas del pensar y del vivir mecanicistas, situándose por completo sobre la plataforma del pensar orgánico. Por eso, desde el inicio, orientó su lucha contra el idealismo filosófico. Hasta 1945, esto se dio en forma más bien reservada y a través del cultivo de un adecuado movimiento de vida. Cuando el Director[288] regresó de su confinamiento en Dachau, se cambió el método. Este cambio pareció necesario, ya que el peligro mundial aumentaba y los núcleos idealistas se consolidaban en el ámbito alemán.

No podemos admirarnos, por lo tanto, que en el enfrentamiento de concepciones de vida tan opuestas, algunas de las formas que hemos utilizado hayan sido evaluadas como extremistas. A lo largo de la historia, esto siempre ha sido así en situaciones semejantes. Recordemos a san Francisco y su movimiento de pobreza, o a san Ignacio y su comprensión de la obediencia. En tiempos de cambio de época, los movimientos históricos siempre tienen que contar con un destino semejante. Es comprensible entonces que ahora este hecho se dé con mayor fuerza aún, pues se trata nada menos que de la vida en su totalidad, tanto la natural como la sobrenatural, y no sólo de uno u otro aspecto o proceso. Recién en el futuro se podrá juzgar la medida en que, detrás de todo esto, estaba el deseo y la voluntad de Dios, o bien el autoengaño del hombre.

No hay duda que el pensar latino interpreta correctamente el concepto de "representante de Dios". En cambio el pensar germano, allí donde se ha conta-

---

288 i.e., el mismo P. Kentenich.

giado por el idealismo separatista, permanece en lo meramente ideológico, o bien, voluntaria o involuntariamente, abre un abismo infranqueable entre la causa primera y la causa segunda. Por eso, para el ámbito germano es tan importante, sea que se trate de la Santísima Virgen u otra causa segunda, como en la obediencia, acercar lo más posible al ser humano a Dios, tal como lo hacía el cristianismo primitivo en forma natural y de modo evidente [289]. De no ser así, el sentido y la crisis del tiempo no serán captados con profundidad suficiente ni serán respondidos de acuerdo al querer de Dios. Quien conozca los puntos concretos que están en discusión, comprenderá mejor, desde esta perspectiva, el modo de actuar de Schoenstatt. De todos modos, conscientemente éste ha estado siempre determinado por la corriente opuesta al pensar y actuar mecanicistas y por la proclamación y defensa del pensar y del vivir orgánicos tal como Dios lo quiere. Nada se ha dejado aquí a la casualidad ni tampoco se trata de desarrollos secundarios extremos.

La actitud dogmática que se percibe en círculos dirigentes alemanes, la cual impresiona no pocas veces por su peculiaridad, a menudo tiene su raíz no tanto en concepciones de carácter dogmático, sino más bien en una disposición anímica enfermiza. Lo que el Señor nos explica acerca de la fecundidad de la semilla vale respecto de cualquier verdad: esta fecundidad no depende tan sólo de las fuerzas de crecimiento inmanentes, sino también de la receptividad del suelo[290]. El modo de pensar germano se encuentra considerablemente enfermo. Lo que re-

---

289 Cfr. 2 Cor 3, 1-4.
290 Cfr. Mt. 13,3-8

sulta tan evidente para el alma latina, y lo que la hace tan fuertemente receptiva para lo católico, le falta ampliamente al alma germana. Una naturaleza sana posee un pensar simbólico, orgánico, universal y centrado. Estas cuatro características se hallan en el individuo germano de cuño mecanicista o bien están totalmente ausentes, o bien existen en medida muy escasa. Esto se debe tener presente cuando se reflexiona, por ejemplo, en cómo hacer atrayente para un alemán la posición de la Santísima Virgen en el plan de salvación. Los obstáculos que deben ser removidos se sitúan entonces aquí mucho más en el alma que en el objeto mismo. Así se puede comprender la seriedad con la que Schoenstatt se esfuerza en enfrentar la irrupción del idealismo filosófico en el campo religioso y en la vida eclesial.

Cuando el modo orgánico de pensar y vivir ha logrado madurar en la lucha contra el mecanicismo y ha alcanzado un dinamismo propio, entonces encuentra con frecuencia formas de expresión para los propios procesos de vida, tal como se dan en la liturgia y en la Sagrada Escritura. *Simile simili gaudet* [291]. Manifiestamente se trata, en ambos casos, de un mismo proceso. Si ha de superarse la concepción trascendentalista propia del pensar mecanicista, que se potencia hasta lo enfermizo, entonces se debe dar cabida a corrientes semejantes. Éstas poseen en sí mismas un factor regulador y, por lo tanto, no hay que temer ningún desarrollo erróneo de carácter permanente, aun cuando aquí y allá transitoriamente se pueda sobrepasar los límites. Por el

---

291 Lo similar gusta de lo similar. El aforismo proviene de Macrobius, *Saturnalium conviviorum libri septem*, 7,7,12, Ed. Eyssenhardt, Leipzig 1868.

contrario: de este modo podrá superarse eficazmente la separación entre religión y vida.

Para el pensar mecanicista, resulta monstruoso transferir a la Santísima Virgen el *'per ipsum et cum ipso et in ipso'*[292], dándole la forma *'per ipsam et cum ipsa et in ipsa'*[293], tal como se encuentra en el escudo de una ciudad belga. La separación mecanicista de causa primera y segunda no admite comprensión alguna para tal *communicatio idiomatum*.[294]. Es por eso que la devoción mariana de Grignon, que prácticamente está marcada por esa consigna, no halla clemencia alguna ante el tribunal mecanicista. Mucho menos aun, puede comprender el mecanicismo que cualquier amor profundo, nacido del corazón, conozca y procure ese estar anímicamente uno en el otro en la forma del *'per et cum et in'* (por, con y en el otro), y que ese amor guste reposar en tales expresiones.

En resumen, Schoenstatt sólo puede comprenderse si se lo ve y valora en el contexto del bolchevismo y del humanismo idealista alemán.[295]

Los textos que aquí se dan a conocer deben bastar para permitir una visión suficiente de los hechos históricos, de modo de poder formarse un juicio personal al respecto. La selección de los textos estuvo determinada por el objetivo que nos habíamos propuesto. Debía probarse, basándose en los documentos, que no fue la imprudencia sino la "ley de la puerta abierta" y el seguimiento filial del querer y de la voluntad de Dios lo que ins-

---

292 Por él, con él y en él, de la doxología en la Plegaria Eucarística de la Misa.

293 Por ella y con ella y en ella.

294 Comunicación de idiomas, es decir, intercambio de atributos.

295 Estudio del 6 de abril de 1951, Schönstatt im Streite der Zeit", escrito en Santa María, Brasil.

piró la cuestionada e importante decisión, así como la forma de actuar. Igualmente, quisimos probar que toda esta problemática fue asumida desde la alianza de amor con nuestra Madre y Reina tres veces Admirable de Schoenstatt, que en la alianza fue elevada a un nivel superior desde el cual se le consideró y resolvió.

A quien acepta estas pruebas no resultará difícil repetir con plena confianza, apelando a la alianza de amor: *"Mater perfectam habebit curam!"*. O bien podrá cantar, con profundo convencimiento, teniendo en cuenta la coronación realizada el 5 de junio de 1949:

> Vencemos, porque morimos.
> Vencemos, porque estamos siempre en pie.
> Tu reino y tu corona jamás perecerán.
> Por eso te cantamos:
> ¡Salve, amada Reina de Schoenstatt!
> Tu reino marchará glorioso
> a través de los tiempos.[296]

Otros dirán tal vez: "Todo esto está muy bien: Puede ser que se haya acertado en la evaluación de la situación, pero… ¡el método, el método! ¿Se puede tratar de este modo con la autoridades eclesiásticas? *'Quod licet Jovi, non licet bovi'*[297]. Lo que san Pablo se permitió con san Pedro no puede ser repetido sin más por cualquier persona".[298]

A esto podemos responder de muchas maneras: desde el punto de vista de los principios o a nivel práctico y metodológico. Renuncio a hacerlo por ahora, mientras la distancia respecto de

---

296 Himno schoenstattiano alemán: *"Du Herrin aller Himmel!"*, primera estrofa.
297 "Lo que le está permitido a Júpiter, no está permitido a cualquier buey". Dicho romano.
298 Ver: Gál. 2, 11-14)

los acontecimientos no sea mayor. Hasta que eso suceda, creo que sólo debo replicar lo siguiente: la "ley de la puerta abierta" nos ha señalado este camino y ningún otro. "Ningún otro camino conduce hacia Küssnacht" [299]. La naturaleza humana hubiera preferido otro camino.

Pero cuando Dios habla, cuando habla claro, cuando habla exigiendo, la creatura debe callar. "¿Quién fue su consejero?" (Rom 11,34). Sólo él tiene la última palabra. Toda resistencia es y será una traición a la misión, traición que se vengará amargamente. De ahí que san Agustín afirme: *"Timeo Dominum praetereuntem…"* Temo al Señor que, después de haber golpeado muchas veces en vano a la puerta de mi corazón, deja de pedir que se le permita entrar. Porque entonces ya no vale ninguna disculpa… ningún recurso a una lengua torpe… o a las fatales consecuencias que podrían seguirse para sí o para otros. *"Ibis nobis!"* [300]. ¡Debes ir! ¡Irás! Ésta es la poderosa palabra del Señor y con ella queda de lado toda réplica. Yo fui, y volvería a ir del mismo modo una segunda, una tercera y una cuarta vez, aun cuando las consecuencias fuesen todavía más dolorosas.

Quien cae de una mano de Dios a la otra, está siempre seguro, está siempre en el mejor camino, incluso cuando en esa mano hay espinas y cardos o cuando Dios nos sostiene sobre un abismo insondable. Pero aquél que cae de la mano de Dios a la mano del hombre, aunque sea en la de uno mismo, siempre estará mal aconsejado, mal conducido y mal sostenido.

Durante años y decenios se ha probado otros caminos, pero ninguno de ellos condujo a la meta. Las circunstancias han empeorado tanto con el paso de la historia y el camino ya está tan

---

299 Cita de F. Schiller, *"Wilhelm Tell"*, Monólogo de Tell, en 4,2.
300 Jer. 1,7.

deteriorado, que cualquier futuro intento también está destinado al fracaso. Al mismo tiempo, el enemigo mortal del cristianismo se encuentra a las puertas de Alemania, dispuesto al asalto en cualquier momento. La Madre y Reina tres veces Admirable de Schoenstatt, en su desvalimiento, nos pide ayuda; sin esta ayuda, ella no puede y no quiere visitar ni conducir al redil al pueblo alemán de un modo suficientemente eficaz. Entonces, ¿quien tiene el valor de rehusarse a colaborar con ella? Por lo demás, lo mejor será esperar el veredicto de la historia.

Por el momento no podemos hacer otra cosa que avanzar hacia la luz, hacia el sol, a través de la oscuridad. Hablando simbólicamente, no podemos quedarnos a medio camino para que nos pase lo que a la mujer de Lot [301].

Evidentemente no es cosa para todo el mundo andar escalando las más altas cumbres y caminando por estrechas y peligrosas pasaderas, mientras, a derecha e izquierda, atraen y amenazan profundidades insondables y oscuros abismos. Por eso, al comienzo del camino se encuentra una doble indicación. La primera es una exhortación: "¡Sólo si crees!" (Ap 8,37). La otra es una advertencia: "¡Prohibida la entrada!" (Hebr 3, 19; 4,6). Quien no tenga la fe de un grano de mostaza[302], quien no posea una "fe de calabaza" [303], no debe arriesgarse a subir por un camino tan escarpado y lleno de peligros, ya que corre el riesgo de marearse y caer de improviso en el vacío. Mejor sería que esperase a las puertas de la tierra prometida, que mana leche y miel, hasta que los expedicionarios vuelvan trayendo buenas noticias[304],

---

301 Ver: Gén, 19,26.
302 Ver: Mt.17,19.
303 Ver: Angelus Silesius, *"Cherubinischer Wandersmann"*, 1 Buch, n. 221: "La fe del tamaño de un grano de mostaza correría la montaña hasta el mar: ¡pensad de qué sería capaz si fuese del tamaño de una calabaza!".
304 Ver: Jos.2,22-34.

o que esperase a que la enviada paloma de la paz y de la victoria encuentre terreno firme para el arca zarandeada y bamboleada por las olas.[305]

Por tercera y última vez pide la palabra un incrédulo temeroso. Opina que tal vez, a causa de la propia Familia, hemos olvidado a la Iglesia de Dios que tiene asuntos más importantes de que ocuparse. La respuesta está ya dada para aquel que mira más profundamente. Si intervenimos a favor de nuestra Familia, si la defendemos y queremos despejar su camino hacia el futuro, lo hacemos únicamente por cumplir la misión que la Familia tiene en la Iglesia y para la Iglesia, ante todo para la "Iglesia venidera", para la Iglesia "de las nuevas playas".

10. La misión internacional de Schoenstatt

Para finalizar, permítanme añadir todavía un pensamiento. La presente documentación invita por sí sola a una profunda reflexión filosófica. Ciertamente no está completa, pero incluso así promete un abundante botín. Nos contentaremos aquí sólo con la exposición e interpretación de un punto.

Anteriormente, hablábamos de una contracorriente que debe retornar desde el Santuario filial de Chile al Santuario original, llevando abundantes bendiciones al pueblo y a la patria alemanes. La expresión anuncia un importante cambio en la estructura vital interior, un cambio en la circulación de la sangre, una inversión del juego de fuerzas dentro de la Familia de Schoenstatt.

Para el extranjero, el acontecimiento al que aludimos significa un final y un inicio: el final de un estar unilateralmente bajo la tutela del Schoenstatt original, y el inicio de una mayor autono-

---

305 Ver: Gen.8, 10-12.

mía, sin perjudicar por ello el carácter de ser miembros de una misma Familia. El final de los años de la infancia y de la adolescencia y el inicio de la edad adulta. El final del mero acoger y recibir y el inicio de un dar y regalar generoso y desinteresado. Las palabras que un apasionado joven chileno escribiera a su patria, el 5 de mayo de 1952, poco después de su toma de hábito en Alemania, tipifican esta nueva situación:

> Me siento perfectamente bien con mi nuevo hábito. Soy un hombre nuevo, que por fin está integrado en la vida comunitaria y tiene la posibilidad de dar y recibir. Mi ambiente es tal que me permite *dar más que recibir.*

Hasta ahora era simplemente Schoenstatt en Alemania, el Schoenstatt original, la madre que alimentaba y regalaba a todos sus hijos, tanto en la patria como en el extranjero. Toda la vida, todas las ideas partían de allá. Y esto no se refiere sólo a la abundante corriente de gracias que surge desde el santuario, sino también a su sello y repercusiones propias. Así sucedió con los Padres Palotinos, mientras permanecieron schoenstattianos. Así sucedió también con el resto de los grupos y comunidades en el extranjero, especialmente con nuestras Hermanas. Ellas navegaban, año tras año, no sólo en la corriente de gracias, sino también en la corriente de ideas y de vida que procedía de la patria originaria, tal como allí se proclamaba y determinaba. Sin duda esto fue positivo en un comienzo. Durante largos años, un niño se guía por su padre y su madre, sin ser consciente de su propia originalidad. El despertar de la pubertad trae consigo una sana independencia aunque, por cierto, muchas veces unida a tormentas y agitación. No resulta difícil aplicar esta imagen al caso que nos ocupa.

Desde el comienzo llevábamos en la sangre la tendencia a expandirnos internacionalmente. El *Informe de Norteamérica,* escrito en 1948, analiza históricamente esta tendencia y describe su desarrollo. Se podría leer el texto pertinente que se encuentra en la introducción del Informe. Quiero insertar aquí una frase de dicho escrito, que puede servirnos de punto de partida para recordar algunos hechos que son necesarios para comprender mejor la nueva situación en que nos encontramos: [306]

> Allí donde Dios da una señal, la miopía humana tiene que ceder el paso; la debilidad y el desvalimiento humanos no tienen ningún derecho de apelación. Sólo vale la actitud y las palabras de san Pablo: *Non possum non praedicare!* [307]. Aplicado a nuestra situación significa: Sobre mí pesa un santo apremio; no puedo hacer otra cosa, tengo que anunciar el mensaje de Schoenstatt por todas partes, en cada sitio tengo que echar las redes de Schoenstatt, incluso allí donde las dificultades parezcan insuperables. El brazo de Dios es más fuerte que todo el poder que se le oponga. A partir de enero de 1942, Dios quiere glorificar a la Virgen María, desde Schoenstatt, de modo aún mucho más evidente. Ella debe iniciar su marcha triunfal por todo el mundo. Cuanto más grandes sean las dificultades y más débiles los instrumentos, tanto más patente será la victoria de *su* Obra. Éste es el sentido de la petición:
>
> Manifiesta tu poder
> en la negra noche de tormenta;

---

306 Cita el informe que escribiera desde Chile en septiembre de 1948. Este informe publicado parcialmente en *"Der neue Mensch",* H.Schlosser, Schönstatt Verlag, 1971, pp. 168-207, trata sobre su estadía en Norteamérica entre el 5 de junio y el 6 de julio de 1948.

307 Ver p.172.

conozca el mundo tu acción
y te contemple admirado,

te nombre con amor y se confiese reino tuyo.
Schoenstatt porte valerosamente
hasta muy lejos tu bandera
y someta victorioso a todos los enemigos;

continúe siendo tu lugar predilecto,
baluarte del espíritu apostólico,
jefe que conduce a la lucha santa,
manantial de santidad en la vida diaria;

fuego del fuego de Cristo,
que llameante esparce centellas luminosas,
hasta que el mundo, como un mar de llamas,
se encienda para gloria de la Santísima Trinidad. [308]

"Tengo que proclamar por todas partes el mensaje de Schoenstatt"... Algo natural para todo aquél cuyo corazón esté colmado de Schoenstatt. Así también ocurría entre nosotros en Dachau, donde tratábamos de navegar mar adentro y echar las redes. Teniendo en cuenta la situación que se vivía allí, considerábamos que nuestra misión era arraigar a Schoenstatt en las naciones que estaban representadas en el campo de concentración. Lean los dos poemas que llevan el curioso título "Allá arriba". El título y el contenido se inspiran en dos huevos enviados por vía legal al campo.[309] Era la época cuando el lenguaje simbólico debía reemplazar la correspondencia epistolar vedada. Sobre un huevo se había pintado un alto cerro; y en su cumbre, un pajarillo que tendía su mirada, anhelante, hacia el valle,

---

308 De la oración *"Mantén en alto el cetro"*, tomada del *Hacia el Padre*, p. 160, n. 497-500.
309 Campo de concentración de Dachau.

hacia su nido, hacia el santuario. La respuesta que se envió desde el campo de concentración fue la siguiente:

> Allá arriba,
> vislumbro un pajarillo
> posado sobre abruptas peñas.
> Y allá abajo, lejos,
> su nido que lo desvela.
>
> Allá arriba
> ha de quedarse el pajarillo
> para expulsar a los enemigos,
> para proteger sus polluelos
> con su cálida sangre.
>
> Allá arriba,
> ha de cantar el pajarillo
> hasta que desde el nido
> le lleguen melodías de Inscriptio
> y se dispersen todos los demonios.
>
> Allá arriba,
> ha de esperar el pajarillo
> hasta que el Jardín de la Inscriptio,[310]
> implorado por el Espíritu de Dios,
> florezca en todo su esplendor.
>
> Allá arriba
> el canto del pajarillo convoca,
> como campanas de iglesia
> de timbre argentino,

---

310 Alusión a la corriente del Jardín de María entre las Hermanas del Hospital San José, Coblenza.

a la gran bandada de avecillas
que Dios creó para ese nido.

Allá arriba
el pajarillo escucha
cantos de alabanza
en idiomas extranjeros
a la Señora del Cielo,
que reina en la soleada
pradera de Schoenstatt.

Allá arriba
el pajarillo ve alborear
un paraíso en la tierra.
En el centro irradia
su nido, revestido
de la gloria de Dios.

Allá arriba
el pajarillo se inclina agradecido
ante todos los que custodiaron
su nido en la noche de tempestad.[311]

El segundo huevo traía un mensaje similar: Dos cimas se habían unido como manos en oración.

Un sencillo poema dio testimonio de que se había comprendido el lenguaje simbólico:

Allá arriba
veo moverse las peñas
y convertirse
en manos unidas
que se elevan en oración.

---

311 Compuesto el 26.4.1943.

*Allá arriba
siento la calidez de esas manos
que suplican fervientes,
la fuerza y luz de Dios
que disipan toda
tempestad y tiniebla.*

*Allá arriba
advierto la pureza
de esas manos,
su nobleza intacta,
como manos de la Santísima Virgen
que imploran
el reino de Schoenstatt.*

*Allá arriba
se tocan
la bendición de Dios
y la actividad humana,
dulcemente unidas en amor
hasta que aparezca el sol.*

*Allá arriba
alto, por encima de las tormentas,
escucho cantar al pajarillo
con íntimo fervor
armoniosas melodías
de victoria.*

*Allá arriba
veo que el pajarillo construye
los jardines del paraíso
pensados por la bondad de Dios*

La primera oración[312] habla de "diversas lenguas extranjeras". Se refiere claramente a la Internacional schoenstattiana. La segunda oración habla del "reino de Schoenstatt". De acuerdo al contexto, se trata principalmente del reino de Schoenstatt en Dachau. De hecho no faltó un trabajo serio en este sentido en el campo de concentración. Esto lo muestra la *"Oración del Círculo Internacional"* en el *"Hacia el Padre"*:

> Bajo el impulso del Espíritu Santo
> nos pusiste hace años como meta
> proclamarte
> *Reina del universo,*
> a ti, que en tus brazos
> llevas la Vida.
>
> Por entonces éramos sólo un pequeño círculo.
> Más tarde, para honra tuya,
> de año en año,
> nos extendimos *hacia otras nobles naciones,*
> que conviven aquí
> estrechamente con nosotros.[313]

En relación a formar la Internacional Schoenstattiana, el éxito exterior no fue grande. En la oración se indica una doble causa: la falta de compromiso personal y las dificultades que acarreaban las circunstancias:

> Con tu maternal benevolencia,
> perdona lo que hemos pecado por omisión,
> que no crecimos en magnitud
> ni en profundidad

---

312 El P. Kentenich cita dos oraciones del tiempo de Dachau y continúa haciendo referencia a ellas.

313 *Hacia el Padre,* p.173, n.542 - 543. En la estrofa 542, en el texto original, en lugar de "Reina del Universo", decía "Reina del campo de concentración".

> y no abrimos más ampliamente
> las puertas de Schoenstatt.
>
> Por eso el *orbe*
> no ha alcanzado suficiente madurez
> para desterrar la dura maldición
> del pecado de Adán,
> y para elevarte con solicitud al trono
> y poner el cetro en tus manos.[314]

Al parecer, brotaron sólo algunas semillas de las que fueron sembradas en aquel entonces. Tal vez florecerán y madurarán más tarde. En todo caso, el trabajo tuvo una ventaja: la idea de la Internacional se afianzó en nosotros mismos de modo que nunca más la abandonamos. En primer lugar, nos impulsó a la fundación de los Hermanos de María y de la Obra de las Familias [315]. A pesar de que los primeros portadores fallaron, permaneció la idea y, más tarde, fue retomada y realizada por otros. Luego coronamos en forma vicaria a la Madre tres veces Admirable y Reina de Schoenstatt como Reina de todas las naciones que se encontraban representadas en el campo de concentración:

> Para ello acepta
> nuestro sencillo homenaje
> y considera nuestra disponibilidad para el combate.
> Te entregamos
> *a los pueblos aquí presentes,*
> que con nosotros comparten la suerte del destierro.
>
> Sé para ellos Madre y Reina;
> que vuelvan a su patria transformados

---

314 *Hacia el Padre*, p. 174, n.544 - 545. En la estrofa 545, del texto original, en lugar de "orbe" decía "campo de concentración".
315 Ambos institutos fundados el 16 de julio de 1942.

en sólidos garantes
de la paz entre los pueblos
y de la unión
en la Ciudad de Dios aquí en la tierra.

El amor y la fidelidad
que te han negado
al huir de la cruz de Cristo,
queremos suplirlos
por el esfuerzo
de vivir únicamente para ti y tu Obra.

Reina sobre nosotros
según el querer de Dios;
transfórmanos en sal
y en levadura del mundo;
haz que seamos un alma y un corazón,
así como el Señor lo implorara en la tierra.[316]

A pesar de todas las particularidades
formemos una sólida unidad;
como reino ideal nos consagremos al Padre
y, aunque el odio
enferme las masas de los pueblos,
rompamos todas las barreras nacionales.

Acrecienta nuestra pequeña grey
y dale profundidad;
úsanos siempre como instrumento tuyo
para cumplir la gran misión
que para nosotros imploraste
por voluntad del Padre.[317]

---

316 Cfr. Jn 17, 11, 21-23.
317 *Hacia el Padre*, p.174 -175, n.546-551.

O bien:

> De entre *todas las naciones* que aquí padecen,
> *escoge para ti a los mejores*
> *que extiendan tu Reino;*
> tómalos como instrumentos en tus manos
> para volver hacia el Señor
> *el destino de los pueblos.*
> *En todas partes* haz fecunda
> la semilla de Schoenstatt
> para gloria tuya,
> y para honor y alabanza de la Santísima Trinidad.
>
> Acepta que te proclamemos
> *Reina del Universo;*
> enciéndenos en un ardiente amor por ti;
> haz que inflamemos *al mundo entero* en tu servicio,
> para que *todos los pueblos*
> encuentren el camino seguro hacia la Patria.
> Tu santo corazón es para el mundo
> el refugio de paz,
> el signo de elección
> y la puerta del cielo.[318]

Esta última estrofa la reprodujimos y la dimos a todos los interesados como oración para prepararse a la sencilla coronación que se realizó el 8 de diciembre de 1944.

La corresponsabilidad por la *misión internacional* de la Madre y Reina tres veces Admirable de Schoenstatt en 1946, nos motivó a volver a coronarla como *Reina del Mundo,* convirtiendo así a la *Internacional schoenstattiana* en meta predilecta para toda la

---

318 *Hacia el Padre,* p. 172, n.540 - 541. En la estrofa 541, del texto original, en lugar de "Reina del Universo", decía "Reina del campo de concentración".

Familia y en objeto del más delicado cuidado de parte de ambos contrayentes de la alianza[319]. Al hacerlo, teníamos el convencimiento de que se repetiría la historia de la coronación de 1939, donde nombrábamos a la Santísima Virgen *Reina de nuestra Familia,* coronación que nos dio la certeza interior de la victoria en medio del sistema que imperaba.[320]

11. Los puntos de apoyo de la MTA: los Santuarios filiales

La misma responsabilidad me ha impulsado año a año, desde 1947, a viajar por mar y tierra. En todas partes donde fue posible, se erigieron santuarios filiales. Ellos debían llegar a ser puntos de apoyo para el reino de la Madre tres veces Admirable, desde donde ella, como *Reina del mundo,* podría lanzar sus redes y llevar a cabo su misión de educadora.

Como se muestra en el relato precedente, el trabajo fue copiosamente bendecido. No sólo el proyecto del reino universal schoenstattiano fue la idea motriz y la fuerza propulsora, sino también la idea del acercamiento y de unidad de los pueblos, sobre la base del cuidadoso desarrollo de la propia originalidad y de la mutua complementación orientada al bien de todas las partes. Tal como se dice en la *Oración del Círculo Internacional,* todos debiesen, a pesar de todas las particularidades, formar una sólida unidad; y como reino ideal, consagrarse al Padre.[321]

Dadas las dificultades existentes en Alemania, que corre el peligro de convertirse en tierra de misiones[322] y dada su misión

---

319 Esta coronación se realizó el 18 de octubre de 1946, al término de la *"Semana de Coronación",* en Schoenstatt.

320 Coronación realizada el 10 de diciembre de 1939, por parte de las Hermanas.

321 Ver: *Hacia el Padre,* p. 175, n.550.

322 Ver J. Kentenich, *"Oktoberbrief 1949 an die Schönstattfamilie",* Vallendar 1970, S.69. Existe traducida como manuscrito en castellano bajo el título de "Carta de Octubre de 1949".

frente al colectivismo, era necesario, primero, que países del extranjero se compenetrasen del espíritu de Schoenstatt. De modo que éstos, cuando el colectivismo ocupe esas regiones germanas, puedan trasplantar allí ese espíritu. De esta manera ayudarían a vencer la mentalidad mecanicista e idealista y prepararían así la marcha triunfal de la Santísima Virgen. Más detalles al respecto pueden verse en el *Informe de Norteamérica.*

12. Proceso de inculturación de Schoenstatt

La meta que nos propusimos siempre estuvo clara ante nuestros ojos; sin embargo, como en todas las cosas relacionadas con la vida, su realización avanza lentamente.

Primero, quisimos que las provincias de las Hermanas de María fuesen espiritualmente más independientes de la Casa Madre y del Schoenstatt original, para que pudiesen pisar con firmeza en terreno propio. Así surgió en todas partes un "Nuevo Schoenstatt" con un santuario central y una casa provincial. No existe ningún otro acontecimiento, fuera del 20 de Enero, que haya determinado tanto la historia de la Familia como la idea y la construcción de los santuarios filiales. En todo caso esto sucedió donde los santuarios filiales, por motivos sicológicos comprensibles, se construyeron exactamente de acuerdo al santuario original y donde las Hermanas se agruparon en torno a ellos como sus permanentes guardianes.

En el mismo sentido de la *Internacional schoenstattiana* fueron prudentemente fomentadas entre las Hermanas, las corrientes de vida originales y costumbres acordes con la mentalidad propia de cada pueblo. Lo mismo se trató de hacer en relación a los Padres. El éxito se hizo notar pronto, tanto en las Hermanas, que por el momento, no pueden esperar muchas iniciativas de la Casa Madre, como en los Padres, que participarán en el próximo Capítulo provincial y en el Capítulo general en Roma. Las regiones sudamericanas, que tomarán parte en el Capítulo regional, traerán proposiciones propias que deberán confrontarse con el modo de ver las cosas de la Provincia madre[323]. El Capítulo general podrá contar, en lo que se refiere a Schoenstatt, con miembros más formados y experimentados que hasta ahora; podrá contar con participantes capaces de tomar una posición autónoma respecto a todas las cuestiones debatidas y de sustentar sus propios intereses vigorosa y adecuadamente.[324] (…)

Donde el Movimiento ha superado ya la primera etapa de su desarrollo, se ha despojado del ropaje esclavizante de la imitación de lo alemán y ha buscado un rostro propio de acuerdo a su idiosincrasia. Sin embargo, se ha mantenido absolutamente fiel a Schoenstatt y a Pallotti como centros inamovibles de una elipse, posibilitando que, de ese modo, se haga realidad la oración:

> Danos fe en Schoenstatt y en Pallotti
> y que este signo de unidad nadie nos lo arrebate".[325]

13. Unidad y tensión creadora

Mientras, la autonomía espiritual así promovida ha crecido tanto en todas partes que los Padres y las Hermanas ahora pueden alimentarse suficientemente de su propia historia. Conforman una cierta polaridad entre ellos y también en relación al Schoenstatt de origen. De una "unidad de orden" han pasado

---

323 Se refiere a la provincia de Limburgo, Alemania, de donde provenía la gran mayoría de los palotinos en Sudamérica.

324 El P. Kentenich tenía grandes esperanzas que los padres palotinos schoenstatianos que representaban las regiones sudamericanas, en el capítulo provincial de Limburgo y en el capítulo general en Roma, propusieran y defendieran en ellos la posición y los intereses de Schoenstatt.

325 *Hacia el Padre*, p. 166, n.519.

al estado de una "unidad de tensión creadora" que los capacita y dispone para entrar en una noble emulación con el Schoenstatt de origen. Hasta cierto punto, la misión vale también para los laicos, al menos en Chile y en Brasil.

A veces pareciera que nuestros schoenstattianos latinos tuviesen grandes posibilidades de sobrepasar a Alemania. No cabe duda que el alma latina se siente rápidamente en casa dentro de la espiritualidad schoenstattiana. Fueron interiormente elegidas una para la otra, y ambas sintonizan por completo.

Hace poco, un padre me decía: "En los últimos años, aquí en Brasil, he experimentado, de modo tan fuerte y palpable, la intervención de Dios en la comunidad [326] y en el Movimiento, que puedo afirmar: Si Schoenstatt, ya considerando sólo cómo se ha realizado entre nosotros, no es una obra de Dios, entonces, simplemente quiere decir que no existe una Providencia divina y que no hay ninguna irrupción de Dios en la historia". Otros países se expresan de modo semejante.

A pesar de la igualdad estructural básica, tanto espiritual, organizativa como de método, poco a poco Schoenstatt va adquiriendo, en todos los países, un rostro de acuerdo al propio pueblo. Esto garantiza la autenticidad y consistencia de la vida que ha surgido. Si continúa el desarrollo con el ritmo actual, pronto enfrentaremos nuevos problemas. Todos éstos giran en torno a la relación ya mencionada entre el Schoenstatt de origen y el nuevo Schoenstatt en cada nación y también entre éstas mismas. Con lo cual, la dirección del Movimiento se vuelve más difícil, pero a la vez más fecunda; se vuelve más rica en tensiones, pero también se hace más creadora.

(......)

---

326 De los palotinos

¡Piense en el 31 de mayo y en el 5 de junio de 1949! No olvide lo que entienden ambas fechas por "contracorriente". Ambas aducen la "ley de la puerta abierta" como fundamento de la correcta interpretación del deseo divino. Ambas aseguran la protección y bendición divinas por medio de la solemne entrega de la "Respuesta" a la Madre tres veces Admirable y por la coronación realizada en ese mismo sentido.

Permítanme aducir todavía otro fundamento capaz de fortalecer nuestra confianza. Éste hace comprensible por qué debía comenzar desde aquí la importante confrontación. Se trata de la mentalidad orgánica tan natural y vigorosamente arraigada (en el pueblo latino). Para vencer la enfermedad (del mecanicismo) no basta con la oración y el sacrificio, no basta sólo la confianza en la bondad y en el poder de nuestra Madre tres veces Admirable; no basta sólo con la confrontación ideológica; a esto debe agregarse el desposorio creador entre la genuina manera de ser latina y la manera de ser germana. Debe aplicarse, al mismo tiempo, los dos conocidos métodos de curación: la alopatía y la homeopatía. Sólo entonces podrá ser superada la enfermedad.

La homeopatía consiste en una benevolente crítica y esclarecimiento científico. La alopatía consiste en la unión de las dos maneras de ser opuestas. Si ambos métodos se unen en torno a una misma acción, si luchan *"viribus unitis"* [327] por una misma meta, si lo hacen siguiendo a la Madre tres veces Admirable, todos saldremos favorecidos: nosotros, Alemania y las naciones que cooperan con su óbolo a la solución de la problemática común.

Digo que los problemas son comunes, pues ese nocivo bacilo también está tratando de penetrar en territorio latino para cau-

---

327 Con fuerzas mancomunadas.

sar allí estragos. El alma latina dispone de una mayor capacidad de construcción y de resistencia. Sin embargo, también debe contar con un mayor debilitamiento del sustrato de fe sobrenatural, con todas las consecuencias que de ello se desprenden para el pensar cristiano y para la vida cristiana (…)

Con esto, el 31 de mayo de 1949 ha sido delineado suficientemente en cuanto a su carácter propio, a la repercusión que ha tenido hasta el momento y a su proyección hacia el futuro. Quien lo comprenda, quien lo interprete a la luz de la fe, debería sentirse movido a arrodillarse y rezar el *"Himno del Instrumento":*

> Madre tres veces Admirable,
> consérvanos siempre como instrumento tuyo;
> haz que con amor, hoy y todos los días,
> nos pongamos a tu servicio.
> Según los deseos de Dios, usa de nosotros
> enteramente para tu Reino de Schoenstatt.
>
> Toma el corazón y la voluntad:
> te pertenecen por completo;
> ciegamente quieren doblegarse
> a tus indicaciones y a tu palabra.
> Ser total posesión tuya
> es, para el instrumento, su honra y su gloria.
>
> Está pronto a servir sin reservas
> a tu Obra de Schoenstatt.
> Mándanos sufrimientos, guíanos a la lucha,
> danos ganar la victoria plena.
> Contra las argucias y la saña del Demonio
> danos luz, templa nuestro espíritu.

Aseméjanos a ti y enséñanos
a caminar por la vida tal como tú lo hiciste:
fuerte y digna, sencilla y bondadosa,
repartiendo amor, paz y alegría.
En nosotros recorre nuestro tiempo
preparándolo para Cristo Jesús.

Aunque nos amenacen el mundo y el Demonio,
o tempestades se ciernan sobre nosotros,
tú vences todos los peligros
y nos concedes tu inmenso poder.
Tu corazón, puerta del cielo,
es siempre nuestro seguro amparo.

Nunca pereceremos
si somos fiel instrumento tuyo;
nos ayudas en todo instante
para que demos abundantes frutos.
Con alegría caminemos de tu mano
hacia el eterno Schoenstatt".[328]

---

328 *"Hacia el Padre"*, p. 201 ss., n. 606-611.

10 Mirada retrospectiva

Es una larga cadena de pensamientos cuyo eslabón final tenemos ahora en nuestras manos. Se ha ido constituyendo eslabón tras eslabón, sin que lo advirtiéramos. Ahora se ha cerrado. La contemplamos nuevamente en su totalidad y en sus partes. Reparamos en la resonancia que cobra el hecho que señalamos en la página 33 y ss.: La Santísima Virgen ha sellado una importante alianza de amor con Schoenstatt y con todos los hijos de Schoenstatt.

A partir de ahora, y más que nunca, tomamos esa realidad como algo natural; pero también vislumbramos algo de su significado para el rescate de la vida cristiana amenazada en estos tiempos apocalípticos que corren. Sólo con la ayuda de la fe práctica en la divina Providencia comprenderemos y viviremos la alianza de amor que se ha gestado y desarrollado históricamente. Esta fe en la divina Providencia nos ha sido regalada como un carisma, y alcanzó y continuamente alcanza en la Familia grados heroicos. De ahí que sea capaz de preservar a la vida cristiana de conmociones. Recordémoslo. Pensamos aquí, como se imaginarán, en esas cosas que no podemos comprender de los caminos enigmáticos y misteriosos por los que Dios ejerce su gobierno sobre el mundo.

Para redondear agrego, sin pretender exponer este pensamiento en detalle, que nuestra fe en la divina Providencia ha adquirido una extraordinaria eficacia en razón de su impronta mariana. Sí; en razón de esa propiedad nuestra fe en la divina Providencia ve en todas partes, en la redención y gobierno del mundo, la colaboración de la Santísima Virgen. Para la fe en la divina Providencia el brazo de la Santísima Virgen es prolongación del brazo omnipotente, sabio y amoroso del Dios Trino. Así pues en la vida cotidiana otorga a la Santísima Virgen el lugar que le corresponde según el plan de Dios. El orden creado es pensamiento y deseo encarnados de Dios. Con toda razón nuestra fe en la divina Providencia accede a ese deseo expreso de Dios. Lo hace con fervor, alegría y constancia, y ya por eso mismo se asegura un alto grado de complacencia divina. Esto vale de modo particular para la actualidad, cuando resulta evidente que Dios desea glorificar especialmente a su Madre en estos tiempos que corren. De ahí que todos los que se ofrezcan a Dios como instrumentos para esa obra, puedan estar seguros de obtener gracias especiales. La Bendita entre todas las mujeres está en el centro del cristianismo, pero no es el centro.

En nuestro caso se trata, por último, de verdades mariológicas que aún no han sido definidas. Por eso, para comprenderlas vitalmente, hace falta un mayor espíritu de fe que, a su vez, nos hace capaces de vivir más fácil y heroicamente de la fe. El ejercicio continuo de la fe así garantizado nos facilita en todo sentido repetir con san Pablo: "Ésta es la victoria que venció al mundo: nuestra fe".[329] Una fe que florece con particular intensidad en la atmósfera mariana, a la cual siente como su suelo nativo; una fe que puede esperar una amplia profundización y enriquecimiento en razón de la *"quasi interpellatio de la omnipotentia supplicans"*.[330]

---

329 1 Jn 5, 4

330 La intercesión de la Santísima Virgen participa, en cierto sentido, de la manera interpelatoria con que Cristo intercede ante el Padre por los hombres. Por eso la Santísima

Sería oportuno resumir lo que debemos a la Santísima Virgen; pero ahora renuncio a ello. Tocamos un mundo que es familiar para todos nosotros, porque nuestra meditación diaria es sobre todo un gustar las misericordias de Dios y de la Santísima Virgen en la vida cotidiana. En lugar de ello concluyo con una breve oración del *Hacia el Padre,* que está dirigida a la Santísima Virgen:

Gracias, Madre,
en cada instante,
ante todos los pueblos,
por mi servicio
y simplemente
alabaré tu nombre.

Aunque se desplome el mundo,
lleno de confianza
mi único norte
será cumplir
con fidelidad
el querer del Padre.

A través de tinieblas
y tiempos de caos,
de tu mano, Madre,
él me guiará
hacia el hogar,
la patria del cielo.

Tras todo llanto
me reunirá
con los que amo

Virgen es llamada "Omnipotencia de rodillas". Cf. Scheeben-Feckes, *Die bräutliche Gottesmutter* (La esponsalicia Madre de Dios), Essen 1951, 219.

y fueron fieles;
juntos contemplaremos al Cordero
en la presencia de Dios. Amén.[331]

(31 de Mayo de 1952.[332])

(Continuará después…)[333]

---

331 *Hacia el Padre,* 552. Esta oración la escribe el P. Kentenich en Dachau, en respuesta
a una carta de la hermana del P. Fischer, donde le cuenta de la feroz destrucción de
Coblenza por los bombardeos. Se la entrega al P. Fischer quien la envía a su familia el
3 de diciembre de 1944.

332 Aquí termina la Primera Parte de este Estudio de 1952. Antes de enviarlo, el P. Kentenich lo puso sobre el altar del Santuario de Bellavista, la noche del 31 de Mayo, en
recuerdo de un Acto semejante ocurrido tres años antes.

333 Esto no ocurrió, sin embargo.

Índice general